MATTHIAS RICKLING

einfach *Spitze!*
Bielefeld

100 Gründe, stolz auf diese Stadt zu sein

Bildnachweis:
ullstein bild – B. Friedrich: S. 9; ullstein bild – impress picture: S. 10; ullstein bild – ullstein bild: S. 19; ullstein bild – ImageBROKER/Jochen Tack: S. 26; ullstein bild – United Archives: S. 32; Archiv Hans Vogt: S. 38; ullstein bild – Breuel-Bild: S. 44; ullstein bild – Sven Simon: S. 48; ullstein bild – Westend61/Patrice von Collani: S. 50; Shademakers Künstlerhaus Detmold: S. 51; Splitter-Verlag, Bielefeld: S. 53; ullstein bild – Fishman: S. 55, 64; ullstein bild – Photo12: S. 58; ullstein bild – Adolph: S. 59, 101; ullstein bild-Yavuz Arsian: S. 65; Andreas Reiner: S. 67; ullstein bild – Becker & Bredel: S. 79; ullstein bild – Werner Otto: S. 80; ullstein bild – Markus Matzel: S. 85; ullstein bild-CARO/Rupert Oberhäuser: S. 93; ullstein bild-Fishman: S. 95; ullstein bild – Werek: S. 96; ullstein bild – Firo: S. 100
Alle anderen Fotos stammen vom Autor Matthias Rickling.

Wir danken allen Lizenzträgern für die freundliche Abdruckgenehmigung. In Fällen, in denen es nicht gelang, Rechtsinhaber an Abbildungen zu ermitteln, bleiben Honoraransprüche gewahrt.

1. Auflage 2016
Alle Rechte vorbehalten, auch die des auszugsweisen Nachdrucks und der fotomechanischen Wiedergabe.
Gestaltung: r2 | Ravenstein, Verden
Satz: Donnerstag Design, Berlin
Druck: Bernecker MediaWare AG, Melsungen
Buchbinderische Verarbeitung: Buchbinderei S. R. Büge, Celle
© Wartberg-Verlag GmbH
34281 Gudensberg-Gleichen • Im Wiesental 1
Telefon: 0 56 03/9 30 50 • www.wartberg-verlag.de
ISBN: 978-3-8313-2914-4

DAS MAL VORWEG

Frühlingsstimmung am Teutoburger Wald. Ja, so war es, und selbst in Bielefeld sorgte ein blitzblauer Himmel für gute Laune und lockte die Ostwestfalen zum Stadtbummel. Voll besetzte Freiluftcafés, freundliche Gesichter und pralle Einkaufstüten so weit das Auge reichte, während sich der Autor dieser Zeilen beim Jahnplatzgrill die obligatorische Begrüßungsbratwurst gönnte. Jetzt aber schnell ein Foto von der Alcina-Uhr gemacht, bevor doch noch Wolken auftauchen. Die Uhr glänzte im Sonnenschein, es fuhr gerade kein Bus durchs Bild, als direkt vor der Linse ein Radfahrer beherzt in die Bremsen griff. Der junge Mann mit Basecap, Rucksack und Wadentattoo wirkte eindeutig erstaunt, als er frank und frei fragte:
„Warum machen Sie das?"
„Was? Fotografieren?"
„Ja, sind Sie etwa Tourist?"
„Ehm, naja, so was in der Art."
„Echt?"
„Ja, echt! Wieso?"
„Ein Tourist? Hier?" Ein kurzer, kräftiger Antritt und schon ist er mit einem launigen „Gibt's ja gar nicht!" zwischen den Fußgängern verschwunden ...
Ja, die Bielefelder und ihre Stadt, das ist eine Sache für sich. Würdigt man die ausgesprochen schönen Seiten, preist die innovativen Ideen oder streicht gar die kulturelle Bedeutung der Stadt heraus, so kontern sie zuverlässig mit Bindfadenregen, Bausünden oder Bundesliga. Bielefelder sind, was ihre Heimat angeht, wahre Meister der schonungslosen Untertreibung. Dabei gibt es doch mindestens 100 Gründe, stolz auf die Teuto-Stadt zu sein!

Matthias Rickling

INHALT

ÜBERRAGEND
Top in Times – Bernhard Schlink 8
Otto sein Anton – Der Bismarck-Turm 9
Dame Nr. 1 – Christina Rau 10
Eine echte Primadonna – Sophie Cruvelli 11
Kritische Selbstbetrachtung – Der „Spiegel" 12
Aussichtssache – Die Bielefelder Hütte 13
Haste Töne? – Die Oetkerhalle 13
Romantisch berauscht – Die Sparrenburg 15
Think bigger – Die Universität 16

SCHWERWIEGEND
Plattmach-Politik – Der Ostwestfalendamm 17
Freie Radikale – Die RAF in Bielefeld 18
Das Bielefelder Lieblingstier – Der Elch 20
Rostrummel – Die Axis-Skulptur 21
Kassensturz – Die Anker-Werke 22

ECHT RUND
Alpha-Teilchen – Hostienbäcker 23
Bauen mit Schwung – Der Spiegelshof 24
Verschlusssache – Union Knopf 24

Vom Runden im Eckigen – Tiefkühlpizza	25
Räder wollen rollen – Die Radrennbahn	26
Rundherum rund – Large oval with points	27

GRUSELIG

Der dunkle Star – Die Schwarze Madonna	28
„Großer Schlag" in Schildesche – Die Erdbebenbombe	29
Horrorpartie – Rekordschlappe	30
Licht- und Schattenspieler – Friedrich Wilhelm Murnau	31
Gänsehautgeschichten – Die Kasematten	32

MUSTERGÜLTIG

Stilsicher – Design aus Bielefeld	33
Bielefeld will's wissen – Das EMNID-Institut	34
Wo bitte geht's zum Elefantenklo? – Kunsthalle Bielefeld	35
Auf Sand gebaut – Sennestadt	36
Auf Aug' und Ohr – Filmtontechnik	37
Radschrift – RadMarkt	39
Es spinnt, das Lottchen – Die Ravensberger Spinnerei	39
Wo man Fuchs und Hase „Gute Nacht" sagen kann – Tierpark Olderdissen	41
B.b.B. – Die v. Bodelschwinghschen Anstalten	42

KRÄFTIG DEFTIG

Echt knackig – Oliver Welke	43
Leinenparty – Leinewebermarkt	44
Starker Tobak – Crüwell Tabakhaus	45
Gaumenfreunde – Die Bratwurst	46
Nix für Weicheier – Bielefelder Luft	47
Korrekt unkorrekt – Abdelkarim Zemhoute	47

KNALLBUNT

Echte Knaller – FLASH ART	49
Humor happens! – Ralph Ruthe	50
Rhythmustherapie – Carnival der Kulturen	51
Im Liebesdienst – Das Unternehmen Ritex	52

Die kleinen Blauen – Splitter Verlag 53
Mit besten Grüßen – Postkarten aus Bielefeld 54
Da geht's ab – Westend-Party 54

ERNSTHAFT
Denkste – Der Denker 56
Um Hals und Kragen – Bracksiek & Hemmelskamp 57
Des Kaisers neuer Lehrer – Georg Hinzpeter 58
Tatortlos – Sicheres Bielefeld 59
Weg und fast vergessen – Der Nazidichter 59
Fliegende Flure – Die Gebäudeverbindungsbrücken 60
Mutter soll's richten – Gisela Schwerdt 61

WELTLÄUFIG
Filmreif – Hera Lind 63
Echt weit wech – Der Japanische Garten 64
Alles nur Show – Der Weihnachtstruck 65
Ohne Oe. fehlte was – Dr. Oetker 66
Unterwegs-sein-Song – Hannes Wader 66
Ahoi – Segelmagazin Yacht 67
Unglaublich – Mysteriöse Münzen 68
Viva, Sir Vival – Rüdiger Nehberg 68
Zu neuen Ufern – Reederei Woermann 69

WUNDERBAR
Tschüss Wagner – Das Stadttheater 71
Nicht nur Fassade – Das Kachelhaus 72
So ein Tag – Bielefeld vs. Madrid 73
Kribbelklang vom Feinsten – Der Hammerflügel 74
Ruhepol – Der Alte Friedhof 75
Wunder in Tütchen – Kaiser-Natron 75
Süßkramspezis – Knigge, Kraume und Schoko-Peter 76

BERÜHMT-BERÜCHTIGT
Blitzeschnell – Die Radarfalle 77
Schnapsidee – Saurer Paul 78

Nabelshow – Ernie 78
Heiliger Hip-Hop – Caspar 79
Nix mit Marathon – Der Hermannslauf 80
Bi – dfBaTW – Die Stadtbahn 81
Ödnis wird Augenweide – Der Kesselbrink 81
Kellerkinder – Bunker Ulmenwall 82

ORIGINELL
Cocktail statt Oblaten – „Glück & Seligkeit" 84
Von der Rolle – Das Medienarchiv 85
Das Blaumännchen – Lino 86
Auf'm Siggi – Die Supertram 86
Sowohl-als-auch-Moneten – Das Bethel-Geld 87
Sanftes Lifting – HIRO 88

AUSGEZEICHNET
THE 100 – Universität im Ranking 89
Mit Gestern nach Morgen – Das Historische Museum 90
Klasse statt Masse – Die „Kamera" 91
Rudel-Hüpfen – Tanzrekord 92
Problemlöser – AGFEO 92
Markenführer – Briefmarkenstelle Bethel 93
Spektakelkluft – Riesen-T-Shirt 94
Am Ende echt schön – Der Sennefriedhof 95
Schwungvoll – Olaf Hampel 96

ECHT WITZIG
Die Würde des Balls – Die Wilde Liga 97
Im Fernsehen? – Ingolf Lück 98
Sich einen Reim machen – Gedichtetes 99
Der will nur spielen – Lohmann 100
Ab ins Körbchen – Die Schatztruhe 100
33%ig lustig – Ingo Oschmann 101
Ausgerechnet Bielefeld – Der Bielefake 102

KRITISCHE SELBSTBETRACHTUNG

THINK BIGGER – DIE UNIVERSITÄT

ROMANTISCH BERAUSCHT

Bielefeld

ÜBERRAGEND

TOP IN TIMES –
BERNHARD SCHLINK

Ob die Bielefelder mehr und häufiger lesen als andere? Keine Ahnung! Dennoch dreht sich in dieser Stadt außergewöhnlich viel um Lese- und Blätterstoffe unterschiedlichster Machart. Da wird gedruckt, verlegt und veröffentlicht, dass es eine wahre Wonne ist. Schulbücher und Kalender, Comics und Reiseführer, Sportmagazine, Menükarten u. v. m., was das Auge begehrt, geht von Bielefeld aus Tag für Tag in die weite Welt. Und irgendwie wundert es einen daher nicht, dass auch die Wiege einiger bedeutender Schriftsteller der Gegenwart in Bielefeld stand. Zwar zog die Familie Schlink bald in die Ferne, doch geboren wurde ihr berühmter Sprössling Bernhard im Bielefelder Stadtteil Großdornberg. Er folgte der Familientradition und wurde Jurist, dann Professor und schließlich sogar Richter am Verfassungsgericht.

Der Schriftsteller, Jurist und Bielefelder Bernhard Schlink.

Gewiss, man kann durchaus stolz auf einen Bielefelder Jung' sein, aus dem was Wichtiges geworden ist. Richtig bekannt wurde der Großdornberger jedoch erst als Schriftsteller, dessen Krimis und Romane den schmalen Grad zwischen Recht und Gerechtigkeit, politischer Gegenwart und Vergangenheitsbewältigung beleuchten. Seinen größten Erfolg legte der hoch gelobte Autor 1995 mit „Der Vorleser" vor. Eine ausgeklügelte Geschichte, die zu einem „Lieblingsbuch der Deutschen" erklärt, in 40 Sprachen übersetzt und sogar erfolgreich verfilmt wurde. Und es ist das erste deutsche Buch überhaupt, das den ersten Platz auf der New-York-Times-Bestsellerliste erlangte. Ja, da darf auch der stoische Leineweber mal kurz vor Stolz erschaudern.

OTTO SEIN ANTON –
DER BISMARCK-TURM

Bismarck-Türme sind, genau wie die gleichnamigen Denkmäler, wahrlich nicht selten. Aber der in Bielefeld ist natürlich ein besonderer, denn er gehört zu den wenigen, die aus Stahl gebaut wurden. In der allgemeinen Kanzler-Euphorie um 1900 wollten auch die Bielefelder Teutonen nicht dumm dastehen und ließen es sich nicht nehmen ihren „Otto von" ein sichtbares Zeichen ihrer Zuneigung zu widmen. Also stiftete der hiesige Verschönerungsverein auf dem Ebberg ein Grundstück, Maschinenfabrikant Heinrich C. Fricke zückte sein Scheckbuch und schon legten die Männer von Stahlbau Röwekamp los.

Die Einweihung fand 1895 statt und fortan zog es die Bielefelder in Scharen die 42 Stufen hinauf, um von der Plattform den Blick über Stadt und Land schweifen zu lassen. Heute ist das Schweifenlassen allerdings schwierig, weil die umstehenden Bäume den Bielefelder Eiffelturm längst überragen. Dennoch ist er ein beliebtes Ausflugsziel geblieben und jede, wirklich jede Schulklasse hat hier mindestens einen Wandertag verbracht (und der Geschichte über den Unbekannten gelauscht, der sich vor langer Zeit an diesem Ort erhängt haben soll, als man den Turm noch von der Stadt aus deutlich sehen konnten). Warum die Bielefelder den Turm jedoch als „Eiserner Anton" bezeichnen, hat noch keiner verraten.

Christina Rau auf einem Staatsbankett für die Queen.

Dame Nr. 1

Stolz schwillt die Brust des dürren Leinewebers, denkt er an Christina. Natürlich nicht irgendeine Christina, sondern Christina Rau, die Enkelin des früheren Bundespräsidenten Gustav Heinemann, die als Tochter des Textilfabrikanten Eduard Delius in Bielefeld geboren und an der Seite von Bundespräsident Johannes Rau zu unser aller „First Lady" wurde.

EINE ECHTE PRIMADONNA – SOPHIE CRUVELLI

Dass Rauchtabake der Stimme nicht sonderlich zuträglich sind, dürfte gemeinhin bekannt sein. Dass jedoch die Bielefelder Firma Crüwel – ehemals eine der größten Tabakfabrikationen des Landes – dennoch eine der exzellentesten Stimmen der Welt hervorbrachte, ist weithin in Vergessenheit geraten.

Es war im März 1826, als im Hause des Tabakfabrikanten erstmals die noch wenig melodiöse Stimme von Johanne Sophie Charlotte die ostwestfälischen Gehörgänge durchdrang. Wer sollte ahnen, dass die Klänge einer grandiosen Sopranistin durch die Obernstraße tönten? Sophie Cruvelli, wie sie sich später nannte, war eine Primadonna von Weltformat, der die Große Oper Paris zu Füßen lag und ihre Arien mit noch nie gesehenen Luxusgagen vergütete. Sogar in Meyers Konversationslexikon fand die Lieblingssängerin von Kaiser Napoleon III. eine Erwähnung von nicht weniger als 21 Zeilen.

Auf dem Höhepunkt ihrer Karriere heiratete die „Königin der Pariser Oper" den Vicomte George Vigier und trat als echte Baronin von der Opernbühne ab, um fürderhin den künstlerischen Nachwuchs zu fördern. Doch warum nur geriet die 1907 gestorbene Operndiva in ihrer Heimat nahezu vollständig in Vergessenheit? Vielleicht, weil die große Oper nicht unbedingt jedermanns Sache ist und man „Crüwells" lieber rauchte denn

Das Crüwell-Haus trägt den schönsten Giebel.

lauschte? Vielleicht, weil es keine Tondokumente gibt? Oder hat man es ihr in der Heimat übel genommen, dass sie der preußischen Staatsuntertänigkeit entsagte, um französische Bürgerin werden? Wer ihr die Ehre erweisen möchte, der findet das Grab von „Madame Jeanne Sophie Charlotte Cruvelli Comtesse Vigier, nèe à Bielefeld (Westphalia)" auf dem Friedhof Père Lachaise in Paris.

KRITISCHE SELBSTBETRACHTUNG – DER „SPIEGEL"

Der „Bielefelder Spiegel" ist ein zweimal monatlich erscheinendes Magazin, in dem Aktualitäten aus Kultur und Wirtschaft reflektiert werden. Ganz ohne reflektierenden Widerschein kommt hingegen der kolossale „Spiegel"-Entwurf der Kölner Künstlerin Isa Genzken aus. Damals, 1992, als die 30 mal 20 Meter große Stahl-Rahmenkonstruktion mit ihren teleskopartigen Stützstreben vor der neuen Stadthalle aufgerichtet wurde, machte sich Empörung breit. Schon wieder so ein abenteuerliches Kunst-Trum, das keiner braucht, keiner will und keiner versteht, denn spiegeln tut sich in dem Spiegel ohne Spiegel nichts. Auch die Architekten der Stadthalle verlangten den Abbau, ließ der gigantische Rahmen ihr Bauwerk doch fast niedlich wirken. Der „Spiegel" blieb und hält der Architektur bis heute eben jenen vor. Längst haben die Bielefelder die einzigartige Skulptur für sich vereinnahmt, denn mit kritischen Betrachtungen kennt man sich hier bestens aus.

„Spiegel" ohne Spiegel.

Höhepunkt mit Fernsehturm: die Hünenburg.

Aussichtssache

Zugegeben, der Aufstieg zur Sparrenburg kann dem untrainierten Fußgänger den Schweiß auf die Stirn treiben, bevor er einen genüsslichen Blick über die Stadt werfen kann. Auch die Aussicht vom höchste Geländepunkt der Stadt in Lämershagen (320 m, Auf dem Polle) oder der Hünenburg (312,5 m) erfordern eine gewisse Ausdauer. Doch für den höchsten aller Aussichtspunkte, den man mit Bielefeld in Verbindung bringen kann, bedarf es anständiger Kletterschuhe und einer ordentlichen Portion Kondition. Oder man nimmt die Seilbahn rauf zum Hochoetz und wandert kurz rüber zur Neuen Bielefelder Hütte des Deutschen Alpenvereins. Seit 1954 gibt es diesen „Bielefelder" Höhepunkt, der unterhalb des Achterkogels im vorderen Oetztal in 2112 Metern Höhe eine wahrlich gewaltige Aussicht bietet, inklusive „Bielefelder Bergsteigerpfandl".

HASTE TÖNE? –
DIE OETKERHALLE

Was irgendwelche Koryphäen in Bielefeld als bemerkenswert, brillant oder bedeutend finden, findet längst nicht immer die Zustimmung der Einwohner. In einem sind jedoch alle einer Meinung: die Bielefelder „Rudolf-Oetker-Halle" ist

Neun Bögen für die Musen.

eine der besten Konzerthallen der Welt. Tatsächlich geraten Architekten angesichts der Bielefelder Musikhalle bis heute in Verzückung und stellen sie auf eine Ebene mit dem Berliner Schauspielhaus und der Boston Symphony Hall. Gut, die tempelgleiche Eingangsfassade mit ihren haushohen Pfeilern und neun Bögen könnte man als ein wenig theatralisch empfinden. Und ja, sie ist äußerlich kein avantgardistisches Highlight, zeichnet sich nicht durch einen besonderen Stil aus und wirkt mit ihrer strengen Symmetrie und sachlichen Funktionalität ganz schön imponierend. Vielleicht war der „würdige Ausdruck" und die „große melodische Schönheit" der Architektur nicht für jedermann ersichtlich, vielleicht offenbarte sich auch nicht jedem sofort die sinnfällige Innengestaltung, bei der vom Türdrücker bis zur Leuchte alles aufeinander abgestimmt ist, doch wenn ein Konzert in makelloser Resonanz erklingt, preisen Musiker, Dirigenten und Zuhörer die klotzige Halle als akustisches Meisterwerk von Weltrang.

Nun, die Bielefelder sind ein pragmatisches Völkchen, weshalb sie das 1930 eröffnete Konzerthaus sofort in ihr musikalisches Herz schlossen und sich nach wie vor für „ihren" Musentempel engagieren. Außerdem ist die Oetkerhalle eine Stiftung der namengebenden Unternehmerfamilie – und Ostwestfalen kennen sich hervorragend mit Pferden aus, auch mit geschenkten Gäulen ...

ROMANTISCH BERAUSCHT – DIE SPARRENBURG

Der Weg führt hoch hinaus und ist ziemlich steil. Doch weil droben auf dem Sparrenberg nicht nur Aussicht und Heimatgeschichte, sondern auch Kuchenbuffet und Schinkenplatte locken, ist der sonntägliche Aufstieg zur Sparrenburg den meisten Bielefeldern eine Ehrensache. Und natürlich ist diese Burg nicht irgendeine Burg, sondern eine ganz besondere, weil sie erst Jahrzehnte nach der Stadtgründung errichtet wurde. Da wacht sie also schon seit Mitte des 13. Jahrhunderts über Bielefeld und seine Bewohner und gehört dennoch erst seit relativ kurzer Zeit zur Stadt. 1879 zahlten die Bielefelder dem preußischen Staat genau 8934,90 Mark für die aufragende Festung, die lange als Steinbruch missbraucht und nun zum Wahrzeichen aufgepeppt wurde. Tatsächlich ist von dem ursprünglichen mittelalterlichen Bauwerk kaum noch etwas zu erkennen. Selbst der überragende Burgturm, von dessen Zinnen sich ein atemberaubender Rundumblick eröffnet, wurde erst in den 1840er-Jahren errichtet, als sich sogar die vermeintlich kellerkühlen Bielefelder von einer verträumten Burgenromantik berauschen ließen. Seither wird die Burg unter den drei roten Sparren, die niemals erobert wurde, regelmäßig überrannt: von frisch Verliebten und flotten Joggern, neuen, alten und echten Bielefeldern.

Überragend romantisches Wahrzeichen.

THINK BIGGER – DIE UNIVERSITÄT

Es dauerte, doch inzwischen hat sich die Leinenstadt an den Titel „Universitätsstadt" gewöhnt. Mehr noch, ist man doch regelrecht stolz auf den international anerkannten Ruf, den die „Denkfabrik" am Rande der Stadt erworben hat. So heimste die Uni schon diverse wichtige Forschungspreise ein, gründete die bislang einzige Fakultät für Soziologie, erwarb mit der „Bielefelder Schule" geschichtswissenschaftlichen Weltruf und sorgte mit den Versuchsschulen Oberstufenkolleg und Laborschule für Furore. Das Ansehen wuchs stetig – im internationalen Times-Higher-Edukation-Ranking 2016 zählt sie zu den Top 300 der weltbesten Universitäten –, sodass heute über 20 000 Studenten aus aller Welt für ein ganz besonderes Flair sorgen, das einer Großstadt würdig ist. Doch selbst an dem gewaltigen, lichtgrauen Betonklotz (nicht schön, aber praktisch), der in den 70ern als größtes und modernstes Gebäude des Landes galt und scheinbar für die Ewigkeit konstruiert war, gingen die vergangenen 40 Jahre nicht spurlos vorüber: seit 2014 wird umfassend renoviert, modernisiert und erweitert.

Wenn schon, denn schon, dachten sich die Ostwestfalen einmal mehr und begannen mit dem neuen „Campus Bielefeld" ein Mammutprojekt, das seinesgleichen sucht. Mit einem geplanten Investitionsvolumen von mehr als einer Milliarde Euro soll hier bis zum Jahr 2025 einer der modernsten Hochschulstandorte Deutschlands entstehen, damit der hart erkämpfte Weltruf auch zukünftig Bestand hat. Sie denken halt nicht nur groß, die Bielefelder, sondern größer.

Hier geht's in Richtung Zukunft.

FREIE RADIKALE

DAS BIELEFELDER LIEBLINGSTIER

KASSENSTURZ – DIE ANKER-WERKE

Bielefeld
SCHWERWIEGEND

PLATTMACH-POLITIK –
DER OSTWESTFALENDAMM

Was passieren kann, wenn Städteplaner ihre Schöpfungsfantasien nicht mit Feingefühl und spitzer Feder, sondern wie im Blutrausch mit der Axt planen, durften die Bielefelder in den 1970er-Jahren erfahren. Um die Stadt vor einem angeblich bevorstehenden Verkehrsinfarkt zu bewahren, zogen die autobegeisterten Großstadtfantasten eine gewaltige Autobahnschneise durch die Stadt, die man mit dem Namen Ostwestfalendamm dekorierte. Und wenn die Abbruchbagger schon dabei waren, dann könnte man doch gleich die ganze Umgebung gründlich auf die Schippe nehmen.
Die Kahlschlagsanierung sah sage und schreibe 72 Hektar vor – es wäre das größte Sanierungsgebiet des ganzen Landes geworden. Bis 1977 wurden für das

erste Teilstück des OWD allein 135 vollkommen intakte Wohnhäuser abgerissen, darunter einige der schönsten Gründerzeitvillen der Stadt. Auch ein Drittel des Johannisberges sowie Teile des Johannis- und des alten Jüdischen Friedhofes fielen dem Damm zum Opfer.

Da wurde es selbst den gleichmütigsten Bielefeldern zu bunt. Mit Bürgerinitiativen, Eingaben und Hausbesetzungen wehrten sich die Einwohner gegen die zügellose Brutalplanierung ihrer Heimat. Ja, der „Ossi" ist schon praktisch und wohl kein Pendler möchte ihn missen. Und nein, auf das trostlose Betonmonster, das sich quer durch ihre Stadt gefressen hat, ist niemand wirklich stolz, aber darauf, dass ihr gemeinsamer Protest die kopflose Plattmach-Politik in die Schranken gewiesen hat, durchaus.

FREIE RADIKALE –
DIE RAF IN BIELEFELD

Friedlich ist's am Teuto, ruhig und betulich. Hier sind die Sorgen der großen Welt scheinbar weit weg. Man treibt gewinnbringenden Handel und lässt den Dingen ihren Lauf. Nein, nein, man ist keineswegs teilnahmslos oder gleichgültig, vielmehr abwartend und besonnen. Denn wenn sich die Ostwestfalen einmischen, dann so richtig, auf Weltgeschichtsniveau, wie sie es einst mit Arminius und Widukind eindrucksvoll unter Beweis gestellt haben. Seither ist es am Teuto zumeist recht still geblieben und manch ein Fremder wähnte gar, dass der Begriff Provinz einzig für diesen beschaulichen Landeszipfel ersonnen wurde – eindeutig kein Klima für Revolutionäre und Radikale. Bis 1972, dann war es vorerst vorbei mit der Harmonie.

„Wildwest am Kesselbrink" titelte die Neue Westfälische und beschrieb eine wilde Verfolgungsjagd samt Schießerei, bei der schließlich ein Mitglied der Roten Armee Fraktion gestellt werden konnte. Der Terrorist Till Meyer hatte versucht, in einer hiesigen Diskothek Maschinenpistolen zu erwerben. Bielefeld fiel aus allen Wolken und erlebte seine erste Berührung mit dem Terrorismus – und nicht die letzte. Bald waren in der Stadt Sympathisanten am Werk, besprühten Wände, verteilten Flugblätter und demonstrierten lautstark gegen den „Schweinestaat".

Bielefeld und die RAF, ein schweres Kapitel.

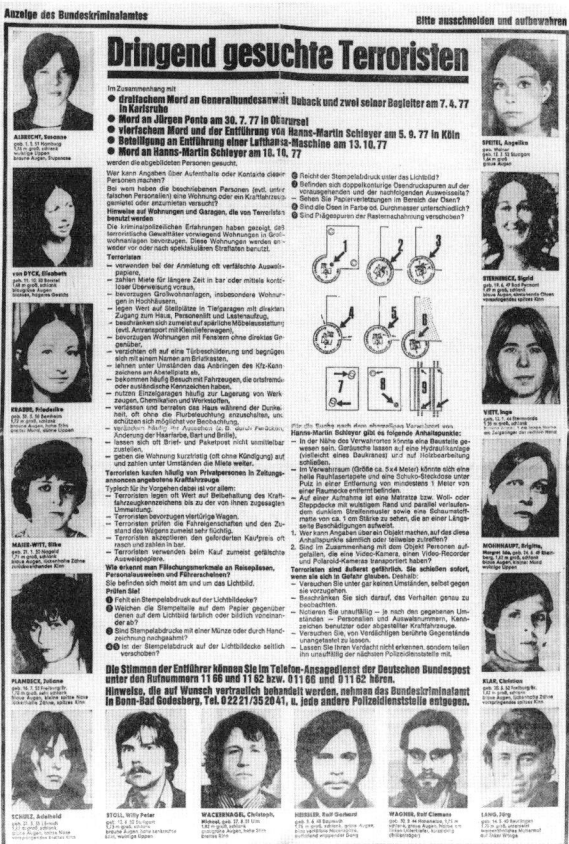

Wenn es nur das gewesen wäre, aber es kam noch doller. Irmgard Möller, Tochter eines Bielefelder Studienrats, wurde führendes Mitglied der RAF und war einzige Überlebende der sogenannten „Todesnacht von Stammheim". Ulrich Wessel, Sohn eines vermögenden Bielefelder Kaufmanns, war an der RAF-Geiselnahme in Stockholm beteiligt und kam ums Leben. Gabriele Kröcher-Tiedemann, Tochter eines freigekauften DDR-Häftlings, machte in Bielefeld Abitur und wurde als RAF-Mitglied für Entführungen und Mordanschläge angeklagt.

Ausgerechnet Bielefeld eine Brutstätte der Radikalen? Und kaum war die Stadt aus den Schlagzeilen heraus, da fanden aufmerksame Spaziergänger 1985 im Botanischen Garten ein Versteck mit Flugblättern der RAF, Zündsätzen und genauen Lageplänen der hiesigen TV-Sendestationen. Die Polizei tat, was sie konnte, und das Fernsehprogramm lief weiter ohne Störung. Anscheinend wurde es den freien Radikalen zu heiß in Bielefeld. Seither ist es wieder still am Teuto, und Provinz hört sich gar nicht mehr so schlecht an.

DAS BIELEFELDER LIEBLINGSTIER – DER ELCH

Wenn es heißt, Deutschland sei ein Elch-Einwanderungsgebiet, dann meint das nicht die stetige Zunahme blau-gelber Puzzle-Möbel-Container, sondern die allmähliche Rückkehr großer Hirsche mit Bart und Schaufelgeweih. Ja, einst waren die „Könige der nordischen Wälder" auch bei uns zu Hause. In Bielefeld ist er es noch immer. Nein, nicht der schwedische am Südring, auch nicht in „Ollerdissen", sondern im Bürgerpark neben der Oetkerhalle. Seit 1961 schreitet dort ein mächtiger, schwer wiegender Elchbulle aus 600 kg Bronze in Richtung See, um die Verbundenheit zwischen Bielefeld und dem russischen Kreis Gumbinnen, heute Gussew, zu symbolisieren, dessen Wappentier er ist.

Graziös schreitet das Bronzetier.

In der Skulpturenbeliebtheitsskala der Bielefelder steht der beeindruckende Geweihträger jedenfalls ganz oben. Und wahrscheinlich gibt es in der Stadt kein einziges Familienfotoalbum, in dem nicht irgendein Kind auf dem Elch sitzend abgelichtet ist. Das bekannte Sprichwort: „Ich glaub', ich reit' 'nen Elch!" könnte hier seinen Ursprung haben. Ob es ein Ausdruck dieser kindlichen Erinnerungen ist, dass das Bronzetier immer wieder mit bunter Farbe angegangen wird und ihm die Strickguerillia sogar rote Pulswärmer anhäkelte, muss jedoch bezweifelt werden.

Ansichtssache in rostrot.

Rostrummel

Das Ding war vielen Bielefeldern kein Dorn im Auge, sondern ein Balken. Mit seinen zehn Meter hohen Stahlplatten, die Richard Serra 1989 vor der Kunsthalle installierte, traf er die ordnungsliebenden Ostwestfalen ins Mark. Allein der Aufbau war ein gewaltiges Spektakel, von dem alle Medien ausführlich berichteten. Was für ein Rummel um drei rostige Schrottplatten. Zudem nicht ganz lotrecht und irgendwie immer im Weg, hatte die schwergewichtige „Axis"-Skulptur zunächst einen schweren Stand. Heute lockt das Werk des bedeutendsten lebenden US-amerikanischen Bildhauers die Kunstliebhaber aus aller Welt in die Stadt. Die Bielefelder haben sich mit dem Kunstkoloss weitgehend arrangiert ... vielleicht noch ein wenig gerade rücken und ein paar Eimerchen Entrostungsfarbe ...

KASSENSTURZ –
DIE ANKER-WERKE

Wo Leinenstoff entsteht, da wird auch genäht, dachten sich um 1870 verschiedene unternehmerische Geister und wollten mit neuen Firmen den marktführenden amerikanischen Nähmaschinenfabrikanten in Bielefeld ein Schnippchen schlagen. Namen wie Dürkopp, Phönix und Koch-Adler lassen noch heute die Herzen aller Freunde der mechanischen Sticheleien höher schlagen.
Aus Letzterer entstanden die Bielefelder Anker-Werke, die neben Kleinmotorrädern und Fahrrädern seit 1901 auch Registrierkassen produzierten. Mit einfachen Hebelkassen avancierte „Anker" rasch zum weltweit zweitgrößten Hersteller von Kassen und Buchungsmaschinen. Bis in die 1970er-Jahre konnten die Bielefelder ihre Stellung als „Kassenbester" halten, machten dann jedoch den schwerwiegenden Fehler und verpassten es, ihre Maschinen auf das aufkommende Computerzeitalter umzustellen. Genau einen Tag vor Eröffnung der Hannover Messe 1976 erfolgte bei Anker der Kassensturz: Konkurs und Verkauf der Werke.

Reklame für erstklassige Fabrikate aus Bielefeld.

RÄDER WOLLEN ROLLEN

VOM RUNDEN IM ECKIGEN

VERSCHLUSSACHE – UNION KNOPF

Bielefeld

ECHT RUND

ALPHA-TEILCHEN –
HOSTIENBÄCKER

Was kommt aus Bielefeld, ist rund, wird gebacken und – warten Sie 's doch ab – hat weder Tomatensauce noch Käse on top? Jaja, die Stadt über der Lutter hat tatsächlich Geheimnisvolleres als Pudding, Pizza und Pleite-Fußball zu bieten. Denn hier steht Deutschlands größte Hostienbäckerei! Hostien? Sie erinnern sich, diese dünnen Esspapierplättchen, die es beim Gottesdienst ... Nein, Pastorenpizza sagt man nicht. Hostien! Seit 1931 haben die Hostienbäcker, -präger und -ausstanzer der hiesigen Neuapostolischen Kirche bereits mehr als viereinhalb Milliarden der himmlischen Oblaten in alle Welt verschickt. Etwa 150 Millionen dieser dreipunktrotweinbeträufelten Backwaren gehen alljährlich von Bielefeld aus auf göttliche Mission – heute natürlich auch allergikerfreundlich ohne Gluten, aber immer mit A/Ω-Prägung und genau drei Tropfen Rotwein.

Beschwingt und rundgegiebelt: Spiegelshof.

Bauen mit Schwung

Scharfe Burgmauern und kantige Kunstklötze, schnörkellose Straßenzüge und akkurate Industriegebäude – in Sachen Architektur sind die Bielefelder überaus geradlinig. Dass man sich aber auch an der frohgemuten italienischen Baukunst erfreute, beweist bis heute der „Spiegelshof" an der Kreuzstraße. Der auffällig geschwungene Giebel mit den lustigen kleinen Kugeln drauf wurde 1540 im Stile der Weserrenaissance errichtet und ziert einen der letzten erhaltenen Adelshöfe der Stadt. Oh ja, manchmal lassen es diese „sentimentalen Eichen" vom Teuto auch richtig rund gehen ...

VERSCHLUSSSACHE –
UNION KNOPF

Jeder kennt sie, jeder hat sie, jeder nutzt sie. Es gibt sie in hunderttausend verschiedenen Varianten, aus Holz und Horn, aus Perlmut und Glas, aus Metall und Leder, aus Kunststoff und sogar aus Gummi, und ihre ärgsten Konkurrenten sind Reiß- und Klettverschlüsse. Knöpfe sind viel mehr als kleine runde Scheiben mit vier Löchern, die immer dann abfallen, wenn Nadel und Faden weit weg sind. Knöpfe sind, so unscheinbar sie auch wirken mögen, schon seit der Antike wichtige Accessoires der Modewelt und mit dem passenden Knopfloch eine ebenso einfache wie geniale Verschlusslösung. 1911 in Berlin gegründet, fand die Union Knopf 1959 in Bielefeld eine neue Heimat und entwickelte sich zu Europas größten Knopfproduzenten. Natürlich, ausgerechnet im Land der zugeknöpften Ostwestfalen kennt man sich mit der Verschlusssache bestens aus und versucht mit rund einer Milliarde Knöpfen pro Jahr den Billiganbietern, Reiß- und Klettverschlüssen standzuhalten. Welche Form sie auch immer haben, für Bielefeld sind Knöpfe eine echt runde Sache.

Aus dem Land der Zugeknöpften: Knopfsachen.

VOM RUNDEN IM ECKIGEN – TIEFKÜHLPIZZA

Also wenn die Bielefelder von etwas eine Ahnung haben, dann davon, wie das Runde ins Eckige kommt. Na klar, sie waren ja auch die ersten, die den Italienern die grandios coole Idee abschauten, weiterentwickelten und so gut machten, dass sie konsequent die europäische Champions League anführen.
Das Ganze hat natürlich nichts mit Fußball zu tun. Es geht um TK-Teigfladen, die Notreserve im Tiefkühlfach, die Sattmacher für Eilige. Meist mit Salami on top. Gut, dass man mit der richtigen Tiefkühlpizza tatsächlich bei einem Candle-Light-Dinner punkten kann, ist nur Wunschdenken aus der Werbetrommel. Fürwahr, der runde Fertigsnack aus der eckigen Schachtel steht kaum im Ruf einer kulinarischen Offenbarung, dennoch können selbst Heerscharen von Fernsehköchen nicht verhindern, dass die Beliebtheit der teigigen Fladen stetig zunimmt. Mit der „Pizza alla Romana" führte der Bielefelder Oetker-Konzern

Die coolen Sattmacher für Eilige.

bereits 1970 die erste Tiefkühlpizza in Deutschland ein und gilt heute in 30 Ländern als marktführender Pizzabäcker. Tatsächlich verputzt jeder Bundesbürger pro Jahr im Schnitt etwa zehn dieser belegten Fladenbrote aus dem Eisfach. Nach dem Motto „eine geht noch, eine geht noch rein", mit steigender Tendenz.

RÄDER WOLLEN ROLLEN – DIE RADRENNBAHN

Wenn schon, denn schon, meinten die tüchtigen Bielefelder bereits in den 1880er-Jahren, als die ersten tollkühnen Radler mit ihren ungefederten „Knochenschüttlern" über die Straßen holperten. So entstand 1882 der erste Bielefelder Velociped-Club. Man war geradezu hingerissen von der neuen Bewegungs- und Sportmöglichkeit – und dann noch all die schönen Aussichten, die sich für Industrie und Handel ergaben.
Nur wenig später war in Bielefeld ein wahres Fahrradimperium erwachsen. Namen wie Dürkopp, Anker, Koch, Görike, Rabeneick, Planet, Concordia, Falter, Rixe und Miele prangten auf den Fahrradplaketten, die von hier aus die Welt eroberten. Was den Bielefelder Veloci-Verrückten jedoch fehlte, war eine wettbewerbstaugliche Rennbahn, auf der ihre Räder „richtig" rollen konnten. Es dauerte, aber dann – wenn schon, denn schon – bauten sie ihr Velodrom aus 37 000 Kubikmetern Kriegsschutt und 640 000 D-Mark.

1953 wurde die Bielefelder Radrennbahn feierlich eröffnet. Ein riesiges, fugenloses, 333,33 m langes Betonoval, das Woche für Woche die Fanmassen auf die Ränge lockte.

Mit ihren überhöhten 46°-Steilkurven galt die Runde bald als schnellste Piste Europas, auf der die Rennradler beim Steher- oder Sprintrennen noch heute mit wahnwitzigen Geschwindigkeiten unterwegs sind. Das monumentale Symbol für die einstige Fahrradhochburg Bielefeld ist inzwischen arg in die Jahre gekommen, gilt aber nach wie vor als architektonisches Meisterwerk und absolute technische Besonderheit, weshalb es 2012 endlich auf die Denkmalliste der Stadt gesetzt wurde.

„Oval with points" and girls.

Rundherum rund

Ob es nun ein einziges Ding ist, das sich teilt, oder ob es zwei Dinge sind, die sich angenähert haben ... man weiß es nicht. Zumindest ist das abstrakte Objekt, das schon seit 1974 den Park der Kunsthalle ziert, die wohl rundeste Sache der ganzen Stadt und vermutlich die am häufigsten fotografierte Skulptur. „Großes Oval mit Spitzen" nannte der berühmte Bildhauer Henry Moore den massigen Bronze-Kawenzmann, der kunstsinnige Durchblicke erlaubt und auf dem es sich – rundherum von Kunst umgeben – so prima fläzen lässt.

GÄNSEHAUTGESCHICHTEN

HORRORPARTIE – REKORDSCHLAPPE

LICHT- UND SCHATTENSPIELER

Bielefeld
GRUSELIG

DER DUNKLE STAR –
DIE SCHWARZE MADONNA

Die Madonna ist der unbestrittene Star der Bielefelder Kunstlandschaft, und sie ist ein wenig gruselig. Ihre Bühne ist das Halbdunkel der Jodokus-Kirche, wo sie es seit Jahrhunderten versteht, ihre Fans ohne Popsongs und schrille Outfits zu begeistern. Wie eine Königin thront die „Schwarze Madonna" in Bielefelds katholischer Enklave am Klosterplatz und hält dem Betrachter auf ihrem linken Knie das segnende Jesuskind entgegen.

Die aus Holz geschnitzte Skulptur wurde bereits im Jahre 1220, also kurz nach der Stadtgründung, angefertigt und ist damit das älteste Kunstwerk Bielefelds. Dennoch liegt ihre genaue Herkunft noch immer im Dunkeln. Dunkel erscheinen die Gesichter von Mutter und Kind. Einst wurden die Antlitze mit Silber beschichtet, das im Laufe der Zeit immer wieder dunkel

Heimstatt für Madonna: St. Jodokus.

anläuft, und den Anschein erweckt, als trügen Maria und Jesus schauerliche Masken. Wem es zu sehr gruselt, der sollte am Eingang eine Kerze stiften – man sagt, das helfe nicht nur bei Katholiken.

„GROSSER SCHLAG" IN SCHILDESCHE – DIE ERDBEBENBOMBE

Wenn in Bielefeld über den „Grand Slam" berichtet wird, kann es einem durchaus gruselig zumute werden. Nein, nicht doch, natürlich sind die Bielefelder sportbegeistert. Anders ließe sich ihre unverbrüchliche Treue zu den Fahrstuhl-Arminen wohl nicht erklären. Und auch der Tennissport hat am Teuto eine große Fangemeinde, die begeistert die Grand-Slam-Tennisturniere à la Australian Open oder Wimbledon verfolgt. Doch der „Grand Slam" der sich einst im Stadtteil Schildesche ereignete, hat wahrlich nichts mit Sport zu tun.
Der „Große Schlag" von Schildesche ereignete sich im März 1945, als die britische Luftwaffe die „Grand Slam", die schwerste je gebaute konventionelle Fliegerbombe, über dem Schildescher Eisenbahnviadukt abwarf. Bei der gewaltigen Explosion der fast acht Meter langen und über zehn Tonnen schweren „Erdbebenbombe" kamen mindestens 50 Zivilisten ums Leben und die Eisenbahnbrücke wurde teilweise zerstört. Ein 18 Meter tiefer und 60 Meter breiter Bombentrichter gab noch lange Zeugnis ab von der Gewalt und Sinnlosigkeit

Angepeilt von „Grand Slam": der Viadukt.

des Bombenkrieges. Seit 1982 bedecken die Fluten der Obersee-Talsperre den gewaltigen Krater, während der zunächst provisorisch geflickte Viadukt erst 1985 in seiner heutigen Form eröffnet wurde. Die unterschiedliche Bauart der verschiedenen Brückenpfeiler lassen noch heute erahnen, was dieser Angriff in Bielefeld angerichtet hat.

HORRORPARTIE –
REKORDSCHLAPPE

Es gibt Dinge zwischen Himmel und Rasen, die müssen einfach vergessen werden. Geschehnisse, die zwar unbestreitbar passiert sind, über die jedoch nie, nie, nie mehr gesprochen werden darf.
Fürwahr, es soll Bielefelder Fußballfans geben, die bis heute jeden 6. November aus dem Kalender tilgen. Der Tag wird rausgeschnitten, durchgestrichen, ignoriert, denn dann hat er vielleicht nie stattgefunden, jener unselige Auftritt im Jahre 1982, der den DSC in die Negativrekordliste der Bundesliga brachte: Arminia Bielefeld unterlag bei Borussia Dortmund mit 1:11, wobei zehn Gegentore in der zweiten Halbzeit fielen. Oh weh, welch Leid, welch Schmach.

Wenn über der Alm der Himmel brennt.

Selbst die Tatsache, dass sich Dortmund 1978 gegen Mönchengladbach mit einem 0:12 die derbste Schlappe einhandelte und seither die Negativliste anführt, tröstet da nur wenig. Bielefeld? 6. November? Hat niemals stattgefunden!

LICHT- UND SCHATTENSPIELER – FRIEDRICH WILHELM MURNAU

Gestatten, der Steven Spielberg der Zwanzigerjahre, der Quentin Tarantino des Stummfilms und Erfinder des Gruselfilms – Plumpe! Friedrich Wilhelm Plumpe, geboren 1888 in Bielefeld! Später benannte sich der Junge von der Bahnhofstraße, der zu den innovativsten und einflussreichsten Regisseuren der Filmgeschichte zählt, nach dem kleinen Ort am Staffelsee um: Murnau, Friedrich Wilhelm Murnau. So eroberte er sogar Hollywood.
Seine berühmteste Arbeit lieferte er 1922 mit „Nosferatu. Symphonie des Grauens" ab. Die schwarz gewandete Kreatur mit kahlem Schädel, langen Zähnen und spinnengleichen Klauen, die Murnau auf die Leinwand brachte, lehrte den Kinogänger das Gruseln. Mit einem genialen Spiel aus Licht und Schatten, gepaart mit bösen Ahnungen und scheinbar bezwungenen Kindheitsängsten, schuf der Bielefelder einen Meilenstein der Kinogeschichte, von dem sich seitdem Film- und Fotokünstler inspirieren lassen.

Ein gruseliger Klassiker.

Murnaus innovative Ideen ließen schließlich auch Hollywood aufhorchen, wo er 1926 den Film „Sunrise" drehte, der 1928 bei der ersten Oscar-Vergabe gleich drei Mal prämiert wurde.
1931 kam der Mann, der das Kino in vielerlei Hinsicht revolutionierte, bei einem Autounfall ums Leben und geriet nahezu in Vergessenheit, selbst in seiner Geburtsstadt, wo Oscar-prämierte Filmschaffende nicht wirklich häufig sind. Seit 1988 kümmert sich die F.W.M.-Gesellschaft um die Erhaltung, Erforschung und Verbreitung seiner Werke und sorgt dafür, dass der geniale Lichtspieler zumindest in Bielefeld kein Schattendasein mehr fristet.

Gänsehautgeschichten

Dicke Steinmauern und düstere Gänge, schummerige Lichtschächte und finstere Verliese, das ist der Stoff, aus dem die gruseligsten Geschichten entstehen. Tief unter den romantisch umhauchten Mauern der Sparrenburg kann man der über 750-jährigen Burggeschichte auf den Grund gehen. Bei einer Führung durch die Kasematten besichtigt der unerschrockene Besucher das 300 Meter lange unterirdische Gangsystem und erfährt, wie die Soldaten einst hausten, als sie Burg und Stadt verteidigten. Und dann geht das Licht aus … und wem das nicht zur Gänsehaut gereicht, dem sei ein Leichenschmaus beim Krimidinner oder ein kulinarisches Treffen mit Graf Dracula anempfohlen.

ES SPINNT, DAS LOTTCHEN

AUF SAND GEBAUT – SENNESTADT

WO BITTE GEHT'S ZUM ELEFANTENKLO?

Bielefeld

MUSTERGÜLTIG

STILSICHER –
DESIGN AUS BIELEFELD

Um die heimischen Handwerkserzeugnisse wettbewerbsfähiger zu machen, gründeten die Bielefelder 1907 die „Staatlich-Städtische Handwerkerschule", die 1956 zur „Werkkunstschule" und 1971 schließlich zum „Fachbereich Design der Fachhochschule" wurde.
Untergebracht in einem beeindruckenden Gebäude unterhalb der Sparrenburg (der heutigen Musik- und Kunstschule, 1913 übrigens der erste Eisenbetonbau der Stadt) beschritt man ganz neue Wege, um die traditionellen Produkte kunstfertig zu veredeln. Viele der Lernenden und Lehrenden erfuhren später große Bekanntheit und sorgten dafür, dass der gute Ruf Bielefelds über Leineweberei und Backpulver hinaus weite Verbreitung fand.

Echte Werkkunstschulenkunst: der Merkurbrunnen.

Mit Maler Peter August Böckstiegel, Architekt Karl Woernle, Grafikerin Gertrud Kleinhempel, Glasmaler Karl Muggly und vielen anderen gelang es der Schule, überregionale Beachtung und internationale Anerkennung zu erlangen. Besonders zu erwähnen ist die grafische Klasse von Georg Trump, die 1926 für Werbegrafik und Typografie den „Bielefelder Stil" entwickelte. Man sieht es vielleicht nicht auf dem ersten Blick, aber Bielefeld ist eindeutig stilsicher.

BIELEFELD WILL'S WISSEN – DAS EMNID-INSTITUT

Wieso? Weshalb? Warum? Wer kennt ihn nicht, den endlosen Fragekatalog aus dem Fernsehen? Aber anscheinend ist in ganz Deutschland bis heute noch keine reale Sesamstraße verzeichnet. Gut so, denn wollte man eine solche Straße der allgemeinen Neugier und des besonderen Wissensdranges einrichten, dann gäbe es wohl keine passendere Stadt als Bielefeld, irgendwo an der Stieghorster Straße. Nein, nicht wegen Bielefelds Ernie, der fast so berühmt ist wie Berts Kumpel. Sondern weil es genau hier eine Einrichtung gibt, deren Mitarbeiter, genau wie die Leute und Figuren von der Sesamstraße, auf alles und jeden neugierig sind.

Egal, ob Politik-, Sozial-, Meinungs- oder Marktforschung – stellt sich irgendeine Frage, dann greifen die Leute beherzt zu Telefon und Computer, um sie zu beantworten. Und das tun sie in Bielefeld schon seit 1945, als ein gewisser Herr von Stackelberg ein Unternehmen gründete, das sich fortan mit der Erforschung der öffentlichen Meinung, Marktforschung, Nachrichten, Informationen und Dienstleistungen beschäftigte. Tatsächlich, das Emnid-Institut mit Sitz in Bielefeld ist das älteste und eines der größten Meinungsforschungsinstitute des Landes. Und was lernen wir erneut? Erstens: Es gibt keine dummen Fragen. Zweitens: Wer nicht fragt, bleibt dumm. Drittens: Der Bielefelder Ernie ist fast so berühmt wie Berts Kumpel.

WO BITTE GEHT'S ZUM ELEFANTENKLO? – KUNSTHALLE BIELEFELD

Die Frage, die in Berlin zum Kanzleramt und in Kassel zu einer abgerissenen documenta-Treppe führen würde, dürfte auf dem Bielefelder Jahnplatz heutzutage lediglich Kopfschütteln hervorrufen. Vielleicht in Olderdissen? Ah nee, da hat's ja keine Elefanten.

1968 war es, da schauten alle kunstbeflissenen Augen nach Bielefeld und fieberten der Fertigstellung eines Gebäudes entgegen, dem die Architekturkritiker und Kunstkenner bereits als bedeutendstem Museumsneubau nach 1945 huldigten. Doch der weltweit gefeierte Kunstkubus von Stararchitekt Philip C. Johnson wollte den Bielefeldern so gar nicht gefallen. Sie empfanden den monumentalen Sandsteinklotz am Rande der Altstadt als plump, unproportional, überdimensioniert ... eben wie ein stilles Örtchen für rüsselschnutige Dickhäuer. In jenen Tagen hätte jeder Jahnplatzflaneur den Weg zum Bielefelder Elefantenklo weisen können. Und dann der Name. Nach Willen des Hauptsponsors Oetker erhielt der rote Kunstwürfel den Zusatz „Richard-Kaselowsky-Haus", womit er

Kein stilles Örtchen: der Kunstkubus.

seinen verstorbenen Stiefvater ehren wollte. Doch das stellte sich als höchst fragwürdig heraus, da Kaselowsky aufgrund seiner Nähe zum Nazi-Regime in der Kritik stand. Die Bielefelder protestierten, demonstrierten, boykottierten, doch der Name blieb und machte immer wieder unrühmliche Schlagzeilen.
So vergingen die Jahrzehnte und auch an den Hängen des Teutos, wo man das Bekannte zunächst allem Neuen vorzieht, hat man sich längst mit dem roten Kunstkubus arrangiert, den Schmähtitel weitgehend vergessen und nach der Umbenennung in „Kunsthalle Bielefeld" sogar einen gewissen Stolz darauf entwickelt. Es dauerte, aber nach über vier Jahrzehnten mit zahllosen international beachteten Ausstellungen und katalogweise Lobeshymnen ist die Kunsthalle Bielefeld auch zur Kunsthalle der Bielefelder geworden – und kein Rüsseltier weit und breit. Ostwestfalen und moderne Kunst? „Eck gläuwwe, dat kann wat!"

AUF SAND GEBAUT – SENNESTADT

Ein Dorf, das sich eine Stadt leistet? Lächerlich! Das dachte man auch Ende der 1950er-Jahre, als nahe Bielefeld in der kleinen Gemeinde Senne II eine Großsiedlung in die magere Heidelandschaft gesetzt wurde. Doch Bielefeld platzte angesichts der Ströme von Kriegsflüchtlingen aus allen Nähten und war bald zum

Schöner Wohnen mit Konzept.

bevölkerungsreichsten Stadtkreis Nordrhein-Westfalens angewachsen. Die Lösung war ein großflächiges Städtebauexperiment, bei dessen Planung der Architekt Hans-Bernhard Reichow vor allem Verhaltensweise und Lebensrhythmus der zukünftigen Bewohner mit einbezog. Reichow überließ nichts dem Zufall. Unterschiedliche Wohn- und Gebäudeformen, ein organisch geführtes Verkehrssystem ohne Ampelkreuzungen, der Eindruck der Stadtsilhouette wurden ebenso sorgfältig erwogen wie Baustoffe, Fassadenfarben und Sonnenlage der Balkone. Trotz aller Unkenrufe und zahlreicher Bedenken wurde das völlig neue Stadtkonzept in die Tat umgesetzt und fand zum Erstaunen vieler Kritiker sogar internationale Anerkennung. Sennestadt war 1958 die erste deutsche Stadtneugründung nach dem verheerenden Weltkrieg, deren detailliertes Konzept weltweit begeisterte und Städtebauer bis heute inspirierte. Man möchte meinen: Mit Erfolg auf Sand gebaut!

AUF AUG' UND OHR –
FILMTONTECHNIK

Die 20er-Jahre. Stummfilmzeit. Die Massen waren von der „Lichtspielkunst" fasziniert und strömten in die Kinos, wo sie sich von flackernden Leinwänden mit Klavierbegleitung verzaubern ließen. In der Osterzeit 1924 durften die Bielefelder endlich erfahren, was es mit diesem „Wunder der Technik" – jener

Hör mal was da spricht.

„epochemachenden Erfindung" und „Ruhmestat deutscher Ingenieure" – auf sich hatte, über das in jenen Tagen alle Welt sprach.

Im Palast-Theater an der Niedernstraße wurde erstmals ein „sprechender Film" vorgeführt. Das Verfahren zur „Photographie der Stimme", an dem die Erfinder weltweit verzweifelten, war kurz zuvor von drei Tüftlern in Berlin entwickelt worden. Zu dem Trio, das sich Tri-Ergon nannte, gehörte auch Joseph Massolle, ein Bielefelder Schneidersohn.

Dem Publikum seiner Heimatstadt führte er den Film „Ein Tag auf dem Hühnerhof" (mit Musik, Tierstimmen und Geräuschen vom Sägen und Buttern) vor und selbst die kritischen Bielefelder waren von dem völlig neuen Augen- und Ohrenerlebnis restlos begeistert. Und das, obwohl einige Zeitungen meinten, „dass für den normalen Spielfilm die Erfindung von keinerlei Einfluß sein wird." Falsch gedacht, denn die neue Technik, an der der Bielefelder maßgeblich beteiligt war, bildete die Grundlage, von der sämtliche Entwicklungen der heutigen Filmtontechnik ausgingen. Alles klar: Ohne Bielefeld kein Bäng, kein Bumm, kein „Ich schau Dir in die Augen, Kleines".

Radschrift

Man kann ihnen wahrlich viel zuschreiben, aber auch die Sparrenburgteutonen haben das Rad nicht neu erfunden. Aber weil Bielefeld über Jahrzehnte ein Zentrum der Fahrradherstellung war, wurde 1886 in Bielefeld die Zeitschrift „RadMarkt" erfunden, die seit den Anfängen der hiesigen Radmacher über die wichtigsten Produktneuheiten und Branchennachrichten berichtet. Das Fahrradfachmagazin des Bielefelder Verlages (BVA) zählt damit zu den ältesten noch erscheinenden Zeitschriften Deutschlands.

ES SPINNT, DAS LOTTCHEN –
DIE RAVENSBERGER SPINNEREI

Das „Bielefelder Schloss" mit seinen Zinnen und Türmchen, die sich über einer prächtigen Fassade im Tudor-Stil erheben, ist vor allem eines: imposant. Aber hinter den Fenstern des gewaltigen Bauwerks residierte kein adeliges Geschlecht und es fanden keine feinen Tanzbälle statt.
Im Schloss herrschte einzig der Profit und in den kunstvoll gekachelten Hallen tanzten allein die Garnspindeln. Mit bis zu 20 000 dieser wirbelnden Spindeln, angetrieben von gewaltigen Dampfmaschinen und kontrolliert von zahllosen unterbezahlten Arbeiterinnen, den sogenannten „Spinnerlottchen", schrieb die Ravensberger Spinnerei Industriegeschichte: als größte deutsche, zeitweise sogar europäische Fadenfabrik. Es war zu Beginn des 19. Jahrhunderts, als der Leinenfaden, an dem nahezu die gesamte Wirtschaft Bielefelds hing, zu reißen drohte. Denn trotz seines überaus guten Rufes hatte das heimische Leinengewerbe gegen ausländische Baumwolle, Billigstoffe und Dampfmaschinen keine Chance. Mit der Gründung der mechanischen Spinnerei „Vorwärts" durch die Brüder Bozi im Jahre 1852 begann Bielefeld sein

Wo die Spindeln tanzten: die Raspi.

Textilgewerbe zu industrialisieren und konnte die traditionsreiche Fadenfertigung erfolgversprechend fortführen. Und zwar so erfolgreich, dass sich mehrere einflussreiche Kaufleute unter Hermann Delius zusammentaten, um gemeinsam der ausländischen Konkurrenz zu trotzen. Schon 1857 nahm das industrielle Großprojekt Ravensberger Spinnerei seine Arbeit auf. Die Bedingungen waren hart, der Lohn meist schlecht und den Reibach machten am Ende nur einige wenige, dennoch gelang es den Bielefeldern tatsächlich, den Niedergang des heimischen Leinengewerbes zunächst abzuwenden.

In den 1970er-Jahren sollte das gesamte Spinnerei-Ensemble eingeebnet werden, um Platz zu schaffen für ein plötzlich dringend benötigtes Autobahnkreuz. Doch abermals scheiterten die hochtrabenden Pläne an der typischen Beharrlichkeit der hiesigen Bürger, die sich nicht so einfach ihre „Raspi", in der Generationen echter Leineweber geschuftet hatten, wegnehmen lassen wollten. Die Bielefelder Sturköppe ließen nichts unversucht, sodass das Fabrikschloss am Ende erhalten blieb und sich mit Biergarten, Disco und Volkshochschule, Museum und Programmkino zu einem echten Kulturzentrum zu mauserte. Ein doofes Autobahnkreuz? Die spinnen doch.

WO MAN FUCHS UND HASE „GUTE NACHT" SAGEN KANN – TIERPARK OLDERDISSEN

Wie das Erklimmen der Sparrenburg und die Umrundung des Obersees ist es jedem echten Bielefelder geradezu eine Pflicht, mindestens einmal im Jahr den ehemaligen Meierhof Olderdissen zu besuchen, die Keimzelle des Heimat-Tierparks.
Um den „naturfernen" Großstädtern zu ermöglichen, die Tiere ihrer Heimat kennenzulernen, wurde bereits in den 1930er-Jahren der Gedanke geboren, aus der Rehkitzauffangstation des Stadtförsters einen kleinen Tierpark zu entwickeln. Eine Idee, die von den Bielefeldern mit Begeisterung aufgenommen und mit großzügigen Spenden vorangetrieben wurde. In wenigen Jahren entstand im Schatten knorriger Bäume am Hang des Teutoburger Waldes eine tierische Attraktion, die alljährlich rund 500 000 Besucher aus der ganzen Region anlockt. Über 430 Tiere aus etwa 100 Arten fühlen sich dort so wohl, dass Greenpeace das Konzept als bestes seiner Art in Deutschland adelte.

Bäriges für umsonst.

„Ollerdissen" – wie man hier in geschliffener Mundart zu sagen pflegt – ist eine mustergültige Erfolgsgeschichte, auf die man sich was einbilden darf. Wo gibt es sonst einen Ort, wo man ganzjährig, jederzeit und umsonst auf kleine Safari gehen kann? Von wegen: Wat nix kost', is' auch nix'!

Ostwestfälische Überzeugungstat: Bethel.

B.b.B.

Dank göttlichem Wackelpudding, kreativer Verschwörungstheorie, dem fleißigsten Blitzer aller Autobahnen (und mindestens einhundert Dingen, auf die die Stadt stolz sein kann), hat Bielefeld landesweit einen beachtlichen Bekanntheitsgrad erlangt. Und Bethel bei Bielefeld kennt nun wirklich jeder. Ob in Deutschland, in Europa oder auf fernen Kontinenten, die v. Bodelschwinghschen Anstalten (heute: Stiftungen) Bethel zu Füßen des Bielefelder Burgbergs sind international ein Begriff.
Aus der bescheidenen Heilanstalt, die vor rund 150 Jahren vor den Toren der Stadt entstand, entwickelte sich mit Überzeugung, Kreativität und gelebter Nächstenliebe nichts weniger als die größte diakonische Einrichtung Europas. Gut, nach dem Bekanntheitsgrad müsste es demnach Bielefeld bei Bethel lauten. Aber wer wird denn so kleinlich sein?

NIX FÜR WEICHEIER

STARKER TOBAK

KORREKT UNKORREKT

Bielefeld

KRÄFTIG DEFTIG

ECHT KNACKIG –
OLIVER WELKE

Pausbäckchen, Kulleraugen und ein strahlend weißes Lächeln haben stets für guten Absatz gesorgt. Auch damals, als die Werbung noch Reklame hieß, galt das Motto: Kinder ziehen immer! Und so wurde manch niedliches Konterfei auf alle möglichen Waren gedruckt und zu einer wahren Ikone der Kaufanimation. Besonders grinsten sie uns von den Verpackungen kindertauglicher Schokolade, zwiegebackene Bröselbrots und frischer Dosenwürstchen an. Ehrensache, dass das knackigste Würstchengesicht aus Bielefeld kam, der Metropole im Land der Deftigkeiten. Für den kleinen Oliver Welke war dies nur der erste Schritt in die breite Öffentlichkeit. Nach dem Publizistikstudium sammelte der Bielefelder beim Westfalenblatt und WDR Erfahrungen, um

Bielefelds Zutat für Comedy und Kommentare.

dann beim Kultprogramm „Frühstyxradio" von Radio ffn mit bissigen Einlagen zu glänzen. Seither räumt das einstige Würstchen-Model einen Fernsehpreis nach dem anderen ab und wurde just von mehr als der Hälfte aller Bundesbürger zum besten Fußball-Moderator des Landes gewählt. Redegewandt, vielseitig, witzig, immer frisch und knackig – ostwestfälisch halt!

Leinenparty

Was in Bayern das Oktoberfest, am Rhein der Karneval, das ist in Bielefeld der Leinewebermarkt. Zugegeben, der direkte Vergleich mag ein klein wenig hinken. Da aber die meisten Einwohner zum Feiern weder Seppelhüte noch Pappnasen brauchen, hat sich das Bielefelder Stadtfest zu einem Mega-Event gemausert.
Seit 1974 pilgern in der letzten Maiwoche feierwillige Ostwestfalen zu Hunderttausenden in die Stadt, um sich von allerlei Budenzauber, Schwindel erregenden Fahrgeschäften und zahllosen Bühnenshows begeistern zu lassen. Immerhin gilt das Stadtfest weithin als das größte seiner Art und wird sogar in der Liste der größten Volksfeste Deutschlands geführt.

STARKER TOBAK –
CRÜWELL TABAKHAUS

Verwegene Camel-Männer und stahlharte Marlboro-Cowboys: Als die Werbung in den 70er- und 80er-Jahren uns vorgaukelte, der blaue Dunst habe etwas mit Freiheit und Abenteuer, Exotik und fremde Welten zu tun, da konnte man in Bielefeld nur milde lächeln, denn ähnlich machte es die Bielefelder Tabakfabrik Crüwell schon seit Jahrzehnten, nur dass ihr exotischer Tabak-Mann als Pfeife rauchender Indianerhäuptling, Scheich oder Eskimo daherkam. Die bunten Reklameschilder aus Pappe oder Emaille sind bis heute begehrte Sammelobjekte, die daran erinnern, dass die Bielefelder „Spezialfabrik für Rauchtabak" zwischen 1870 und 1945 zu den größten Tabakfabriken Deutschlands zählte. Direkt am Alten Markt, hinter der prächtigen Sandsteinfassade des Crüwell-Hauses verarbeiteten bis 1985 fast 300 Mitarbeiter das Qualm-Kraut. Und weil passionierte Pfeifen- und Zigarrenraucher nach wie vor auf die exquisiten Mischungen aus dem „CRÜWELL TABAKHAUS SEIT 1703" schwören, darf sich Bielefeld als Standort der ältesten noch existierenden Tabakfabrik der Welt rühmen. Darauf ein kräftiges Pfeifchen, meint auch der Leineweber!

Kannste in der Pfeife rauchen!

GAUMENFREUNDE –
DIE BRATWURST

Die meisten Bielefelder sind wetterfeste Überzeugungstäter, besonders wenn es um die Wurst geht. Natürlich nicht um irgendeine Wurst, sondern um die echte, wahre, ehrliche Bratwurst. Davon kann man sich jederzeit überzeugen, da weder Jahres- noch Tageszeit ihrer Fleischeslust Einhalt zu gebieten vermag. Sobald sich irgendwo auch nur das zarteste Wölkchen deftiger Röstaromen in den Himmel kringelt, versammeln sich die ersten Teutonen am qualmenden Bratrost, um alsbald – in den Händen wohltemperiertes Flaschenbier und die Blicke fest auf die Glut gerichtet – mit der Huldigung fleischgefüllter Därme zu beginnen. Wichtige Gesprächsthemen wie der aktuelle Stand von Arminia und die Ausläufer eines Tiefdruckgebietes sind rasch abgehandelt, auch die Weltpolitik und nationale Krisen müssen warten, wenn gestandene Ostwestfalen einen Grill in der Nähe wähnen.

Aber die wichtigste Frage lautet: Wo kommt die Wurst wech? Es folgen diverse lukullische Schwärmereien für hiesige Schweinereien, und wahre Oden an Handwerksqualitäten und Geschmackstraditionen werden vorgetragen. Verräucherte Frittenbuden avancieren dabei zu Tempeln der Grillkunst, zugige Marktstände zu kulinarischen Eroscentern. Und natürlich muss die Brauchbarkeit diverser Holzkohlesorten debattiert und der neue Gasgrill mit kritischem Naserümpfen bedacht werden,

Sie lebe Hoch!
Hoch! Hoch!

46 | KRÄFTIG DEFTIG

während die bloße Erwähnung eines elektrischen Brutzlers als Demütigung ostwestfälischen Menschseins gilt.
Den Bielefeldern ist ihre Bratwurst heilig, ohne Chi Chi oder verspieltes Speziale-Gedöns! Und wer die Verzückung der Ostwestfalen angesichts gerösteter Fleischbrätschläuche nicht teilen kann, ist entweder krank, vielleicht gar vegedingsda oder eh nich' von hier.

Nix für Weicheier –
BIELEFELDER LUFT

Dass in Bielefeld manchmal die im wahrsten Sinne des Wortes dicke Luft herrscht, ist amtlich. Nichts, worauf man stolz sein könnte, und was man versucht, mit dem „Luftreinhalteplan" der Stadt in den Griff zu bekommen. Ganz andere „dicke Luft" befürchtete einstmals ein wackerer Waidmann, der mal wieder die kalte Nacht auf seinem Hochsitz verbracht hatte. Um sich zu wärmen, griff er gerne zu dem westfälischen Patentmittel zur innerlichen und äußerlichen Anwendung: Weizenkorn. Des Morgens galt es nun, den verräterischen Duft zu überdecken, damit daheim keine „dicke Luft" aufkommen möge. Eine satte Portion Pfefferminzkaugummis tat leidlich gute Dienste.
Die Kombination dieser beiden Geschmäcker soll schließlich, so erzählt man zumindest, den Gedanken befördert haben, Schnaps und Pfefferminze zu einem Likör zu vermischen. Gesagt, getan, und fertig war die „Bielefelder Luft" – eine echte Bielefelder Spezialität, beliebtes Mitbringsel und nix für Weicheier.

Korrekt unkorrekt –
ABDELKARIM ZEMHOUTE

Dem Typen mit Vollbart, kurz rasierten Haaren, Lederjacke und Jogginghose sieht man seinen Migrationshintergrund sofort an. Und steht er erst mal auf der Bühne, dann geht es deftig und politisch völlig unkorrekt zur Sache.

Ein Bielefelder mit Migrationsvordergrund.

Der Sohn marokkanischer Eltern liebt seinen „Migrationsvordergrund". Geschickt weiß er die Vorurteile und kulturellen Abneigungen der meisten Urdeutschen ins Lächerliche zu ziehen, die hinter jedem Vollbart einen potenziellen Terroristen vermuten.
In seinem Programm „Zwischen Ghetto und Germanen" spricht Abdelkarim Zemhoute auch von seiner Heimatstadt und seiner Jugendzeit in der Bielefelder Bronx. Und weil den vielen Zuschauern seines Programms das Lachen immer wieder so wunderbar im Halse stecken bleibt, wurde der Bielefelder „Marokkaner des Vertrauens" schon mit zahlreichen beachtlichen Preisen überhäuft.
Ob es an seiner „salafistischen Anmutung" liegt, wie er selbst behauptet? Authentisch und selbstironisch erzählt Abdelkarim aus seinem Leben und packt die herrschende kulturelle Verwirrung mit inkorrekten Scherzen bei den Hörnern. So bietet er dem geneigten Publikum feine Lehrstunden in gelebter Integration – einfühlsam mit dem Vorschlaghammer!

DA GEHT'S AB – WESTEND-PARTY

MIT BESTEN GRÜSSEN – POSTKARTEN

DIE KLEINEN BLAUEN

Bielefeld
KNALLBUNT

ECHTE KNALLER –
FLASH ART

Wenn's knallt, zischt, raucht und schmaucht, sind Bielefelder meist nicht weit. Die Ostwestfalen mögen es halt deftig und lassen es gerne ordentlich krachen. Erst recht, wenn es nicht nur laut, sondern auch schön sein soll, ist Bielefeld seit den späten 1980er-Jahren die erste Adresse im Land.
FLASH ART heißt die Truppe, die von hier aus loszog, um mit Feuer, Wasser, Laser und jeder Menge Pyrotechnik die Menschen zu verzaubern. Die Profiknaller gelten bundesweit als führende Anbieter von Zisch, Peng, Bumm & Co. Weltweit sind sie unterwegs, um besondere Momente mit ihren multimedialen Inszenierungen unvergesslich zu machen. Ob Konzerte von Pink Floyd oder „Voice of Germany", internationaler Fußball-Event, Millenniumsfeier in Berlin oder

Feuerwerk vom Feinsten.

Thronjubiläum in Monaco, die musiksynchronen Feuerwerkshows made in Bi sind stets furiose Meisterwerke. Mal dramatisch, mal romantisch, aber immer mit Knalleffekt und ganz vielen „Ahs" und „Ohs".

Humor happens!

Wer mit Schweinskram Erfolg haben will, der muss sich nicht gleich ausziehen. Nö, das gelingt in Bielefeld auch mit Papier und Stift. Nicht, was Sie jetzt vielleicht denken ... Ralph Ruthe heißt der Mann, dem dieses bunte Kunststück gelang, als er 1996 sein erstes Comicbuch veröffentlichte, das den Titel – na was wohl? – „Schweinskram" trug. Seither hat sich der geniale Zeichner in diversen Zeitschriften, Magazinen und Zeitungen verewigen dürfen, tritt regelmäßig mit eigenem Lese- und Comic-Programm auf und ist gern gesehener Gast in den Late-Night-Shows der Republik. Noch ein Bielefelder mit viel Humor? „Shit happens!"

RHYTHMUSTHERAPIE –
CARNIVAL DER KULTUREN

„Der Tag, an dem 50 000 Bielefelder ihren Therapeuten vergessen konnten", überschrieb das StadtBlatt einen Artikel zu dem Spektakel, das sich Anfang Juni 1999 zutrug. Nee, es war kein überraschender Rasentriumph der Arminen, der diese wunderbare Gesundung erwirkt hatte, sondern das spektakulärste aller hiesigen Stadtfeste: der „Carnival der Kulturen". Was nur vier Jahre zuvor als buntes Stadtteilevent rings um den Siegfriedplatz begann, hatte sich zu einer ausgewachsenen Parade durch die ganze Innenstadt entwickelt.

Einmal jährlich finden sich seither rund 2000 Akteure in 70 Gruppen zu einem internationalen Multikulti-Zug zusammen, um mit tanzenden Fantasiegestalten und waghalsigen Stelzenläufern, farbenprächtigen Masken und spektakulären Installationen die Straßen in ein Meer aus Lebensfreude und Leidenschaft zu verwandeln. Fastnacht, Fasching, Karneval? Könn' se dabehalten!

Farbenrausch am Jahnplatz.

Nicht bei Wummtata, sondern bei Soca, Samba und Reggae zeigt die Stadt ihr wahres Gesicht. Bis zu 100 000 Besucher lassen sich alljährlich von dem Farb- und Musikrausch begeistern. Und wetten, die notorischen Lästerer über Provinzialität und Sturheit sind wieder nicht dabei? Es bleibt dabei: „Die Westfalen halten, was die Rheinländer versprechen."

Im Liebesdienst –
DAS UNTERNEHMEN RITEX

Gewiss, sie sind künstlich, aber dennoch vereinigen sie alles, was einen echten Ostwestfalen ausmacht. Sie kommen zumeist sehr dezent daher und halten sich, selbst in ihrer buntesten und abenteuerlichsten Ausführung, zunächst im Hintergrund. Werden sie jedoch gefordert, dann sind sie flott zur Stelle, um ihrer zugedachten Bestimmung zu entsprechen. Sie sind bis zu einem gewissen Grad durchaus flexibel, sogar richtiggehend anpassungsfähig. Sie sind robuster als sie aussehen, aber dennoch gefühlsecht, durchaus offen für vieles und halten dennoch dicht: Verhüterlis, Gummiüberzieher, Pariser, Lümmeltüten, Kondome.
Wie man sie auch nennen mag, die Präservative aus dem Bielefelder Unternehmen Ritex sind schon seit den 50er-Jahren weltweit im Dienst der Liebe unterwegs. Dabei haben die Latex-Tütchen von Hans Richter inzwischen einen enormen Imagewandel hinter sich. Zunächst wurden die heiß begehrten Überzieher als „Artikel zur Ehehygiene" diskret unter der Ladentheke gehandelt, fanden sich

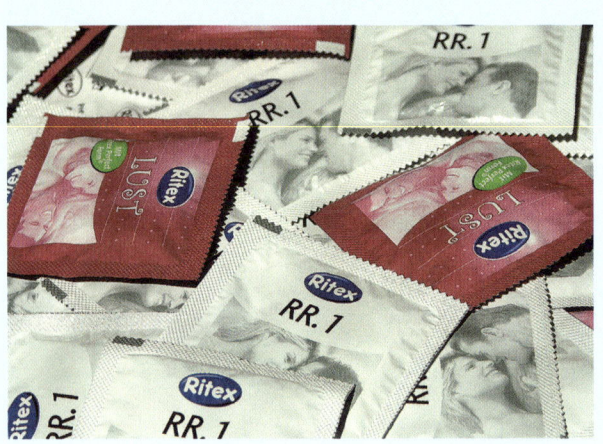

Gefühlsechte Bielefelder.

dann in den rot beleuchteten „Schmuddelecken" der Nation wieder, bevor sie sich im Zuge der Aids-Diskussion zu hoch qualitativen High-Tech-Medizinprodukten verwandelten. Echte Bielefelder halt: durchaus wandelbar, aber stets gefühlsecht.

DIE KLEINEN BLAUEN –
SPLITTER-VERLAG

Falsch gedacht! Es geht es nicht um jene blauen Potenzpillen, sondern um die kleinen blauen Kumpel von Papa Schlumpf und Schlumpfine. Und die hatten es, trotz ihres sonnigen Gemüts, gar nicht so leicht. Das lag jedoch nicht nur an Zauberer Gargamel und Kater Azrael, sondern vor allem an den selbst ernannten Hütern deutscher Moral, die bis in die 80er-Jahre Comics aller Art ob ihrer „erschütternden Primitivität und Unmoral" verachteten. Seit den 1990er-Jahren gelten Comics jedoch als eigene Kunstform, die ihr Image als triviale Massenzeichnungsware längst hinter sich gelassen hat. Klassische Literatur, komplexe Fantasie und knallige Science-Fiction in Comicform haben sich eine treue Fan- und Sammlergemeinde erobert, die u. a. ganz exquisit aus Bielefeld bedient wird.

Seit 2006 entstehen im hiesigen Splitter-Verlag erstklassige Comicalben unterschiedlichster Coleur, wobei die frankobelgische Abteilung einen Schwerpunkt bildet. Da darf der Klassiker mit den

Die kleinen Kumpels im klassischen Knallblau.

kleinen blauen Wichten natürlich nicht fehlen. Wir folgern: Schlumpfhausen liegt am Teuto und Vader Abraham sänge heute: „Sacht mal, wo kommt ihr den wech?" Geschlumpft?

MIT BESTEN GRÜSSEN –
POSTKARTEN AUS BIELEFELD

E-Mail zu Weihnachten, SMS zum Geburtstag und ein flippiges Handyfoto aus dem Urlaub – endlich hat das blöde Postkartenschreiben ein Ende. Zick zack, Enter und ab ... Und wie sehr freut man sich doch, wenn eines dieser bunten Kärtchen mit handschriftlichen Grüßen im eigenen Briefkasten landet. Meist werden die kleinen Pappkameraden sogar wie wertvolle Ikonen behandelt, die im Büro oder am Kühlschrank einen gut sichtbaren Ehrenplatz erhalten. Postkarten machen einfach gute Laune, und das Zentrum dieser Gute-Laune-Welt liegt ausgerechnet in Ostwestfalen. Ausgerechnet dort, wo man angeblich zum Lachen in den Keller geht, wo ein herausragendes Essen mit „Das kriegs'te wohl durch 'n Hals" gepriesen und grandiose Leistungen mit „Damit brauchste dich nich zu verstecken" gewürdigt werden, ausgerechnet hier haben zwei der bekanntesten Postkartenhersteller ihren Sitz.
Während die in Bielefeld gegründete „Grafik-Werkstatt" die Welt mit künstlerisch gestalteten Texten, besonderen Designs oder Illustrationen ein wenig bunter macht, gilt „modern times" als Marktführer in Sachen Humor- und Satirepostkarte. Mit besten Grüßen aus Bielefeld.

DA GEHT'S AB –
WESTEND-PARTY

Es muss irgendwann in den 1980er-Jahren gewesen sein, als die Studenten der Wirtschaftswissenschaften erstmals zu einer Fete am westlichen Ende der Uni-Halle eingeladen haben. Plattenspieler, Mischpult, Lichtorgel und günstiges

Wer viel lernt, muss lange feiern!

Bier aus Plastikbechern – und schon war die ungezügelte Studentensause im vollen Gange. Aus einigen Hundert Gästen wurden bald Tausende, die zweimal im Jahr dem akademischen Ausnahmezustand übten.

Rasch wurde die Westend-Party zu einer überregional bekannten Party-Location, zu der regelmäßig ein buntes Völkchen aus bis zu 10 000 Studierenden, Ex-Studierenden und Nicht-Studierenden aus ganz OWL pilgerte.

Die gemütliche WiWi-Fete von einst expandierte schließlich zur größten Uni-Indoor-Party Deutschlands, inklusive unterschiedlicher Theken, Sektbar und Cocktaillounge, Main-Area, House-Club und Chillout-Bereich samt Videoprojektionen – also alles, was das moderne Partyvolk so braucht. Das ging schließlich nur noch mit professioneller Hilfe über die Bühne. Aufgrund der anstehenden Uni-Umbauarbeiten wurde die Mega-Party zunächst ausgesetzt. Wann und wo es mit der bunten Fete weitergeht, das weiß noch keiner zu sagen.

Aber dass, das hoffen alle.

MUTTER SOLL'S RICHTEN

DIE GEBÄUDEVERBINDUNGSBRÜCKEN

UM HALS UND KRAGEN

Bielefeld
ERNSTHAFT

DENKSTE – DER DENKER

Der berühmteste Grübler der Welt, der als Symbol der menschlichen Vernunft- und Schöpfungskraft in die Kunstgeschichte einging, war eigentlich Preisboxer, bevor er zum französischen Nationaldenkmal avancierte. „Der Denker" gehört zum Hauptwerk von Auguste Rodin, dem bedeutendsten europäischen Bildhauer seiner Zeit, der für sein Werk einen Sportler aus dem Rotlichtmilieu seine Muskeln spielen ließ.

Der athletische Geistesakrobat entstand bereits in den 1880er-Jahren und gehörte ursprünglich zum umfangreichen Personal der „Höllenpforte", die Rodin im französischen Staatsauftrag erschuf. Eigentlich war der intensiv nachsinnende Türsteher aus Bronze nur 72 cm groß, machte aber dennoch gewaltigen Eindruck, sodass um 1903 insgesamt dreizehn sehr viel größere Güsse des Nachdenklichen hergestellt wurden.

Er denkt und denkt
und denkt ...

Die heiß begehrten Jungs fanden ihre neuen Wirkungsstätten in den kunsthistorisch angesagtesten Orten des Erdballs: New York, Paris, Kyōto, Venedig, San Francisco, Brüssel ... und natürlich Bielefeld. Vor der Kunsthalle hängt der Sportdenker seit 1968 seinen höllischen Gedanken nach.

UM HALS UND KRAGEN –
BRACKSIEK & HEMMELSKAMP

Wenn es Pfarrern an den Kragen geht, dann hat Bielefeld ein gewichtiges Wörtchen mitzureden. Nicht, dass man sich in Ostwestfalens Metropole gegenüber der Klerikerzunft irgendwie unwirsch gibt. Das Gegenteil ist der Fall, man bemüht sich um das angemessene Erscheinungsbild der Geistlichkeit. Wenn Würde geboten ist, greift Hochwürden zu schmalen Stoffstreifen namens „Urban", „Pius" oder „Gregor": Priesterkragen made in Bielefeld. Seit 1888 sorgt die hiesige Wäschefabrik Bracksiek & Hemmelskamp dafür, dass sich Musiker, Dirigenten, Tänzer und andere Frack- und Smokingträger standesgemäß mit Fliege, Bauchbinde und Hemd ausstatten können. Landesweit einzigartig ist jedoch die hiesige Priesterkragenmanufaktur, deren bügelleichte Erzeugnisse bis in den Vatikan geliefert werden und sogar die Mitglieder der römischen Kurie erfreuen. Ganz in'n Ernst, in Rom da ham'se Bielefeld echt am Hals.

DES KAISERS NEUER LEHRER – GEORG HINZPETER

Kinder müssen lernen, lernen, lernen ... erst recht, wenn sie mal Kaiser werden sollen. Also suchte Kronprinzessin Victoria im Jahre 1866 für den siebenjährigen Prinz Wilhelm von Preußen den besten Lehrer, den sie finden konnte. Sie entschied sich für Georg Hinzpeter, einen Bielefelder Lehrersohn, der in Philosophie und Philologie promoviert war und dem ob seiner strengen, ja drastischen Erziehungsmethoden als Hauslehrer und am Bielefelder Ratsgymnasium ein mehr oder weniger berüchtigter Ruf vorauseilte.

Diesem Ruf wurde Hinzpeter mehr als gerecht und der kleine Prinz hatte wahrlich nix zu lachen. Trockener Zwieback zum Frühstück und bis zu 13 Stunden Ausbildung und Drill unter der Knute seines Schulmeisters. Was soll nur aus solch einem armen Jungen werden? Nun ja, aus diesem wurde ein Kaiser Namens Wilhelm II., der seinen Erzieher zwar als Scheusal beschrieb, von dem er niemals auch nur ein Wort der Anerkennung erfuhr, ihn aber sogar in Bielefeld besuchte und auch an dessen Beisetzung auf dem Johannisfriedhof teilnahm.

Das verstehe einer...

Erziehung kann auch Pechsache sein.

"Team Wilsberg" wirbt für Bielefeld.

Tatortlos

Warum in Bielefeld keine vernünftige TV-Krimi-Serie spielt, obwohl inzwischen selbst verschlafene Kreisstädtchen im Oberallgäu ihren eigenen „Tatort"-Ableger zelebrieren, bleibt ein Rätsel. Einige Stimmen behaupten, es läge daran, dass es am Teuto selbst den Verbrechern wohl zu langweilig ist. Und in der Tat ist Bielefeld seit Jahren im Spitzenfeld der bundesweiten Kriminalitätsstatistik zu finden, als eine der sichersten Städte mit über 200 000 Einwohnern. Die Bielefelder sind froh, dass die bösen Buben andere Gegenden bevorzugen und begnügen sich damit, dass ihre Stadt im Münsteraner „Wilsberg"-Krimi einen festen Platz hat. In jeder Folge findet der Name Bielefeld mindestens einmal Erwähnung – und das ist doch schon ein Anfang.

WEG UND FAST VERGESSEN – DER NAZIDICHTER

Nein, nein, nein, man ist kein bisschen stolz auf den Liedermacher der Nazis. War man aber mal. Leider. Und weil Ignorieren auch keine Lösung ist, muss bei all den Berühmtheiten aus Bielefeld Horst Wessel erwähnt werden, dessen Wiege in der Teuto-Stadt stand. Der Pastorensohn war überzeugter Nazi, SA-Sturmführer,

schrieb Gedichte und kam schon 1930 gewaltsam ums Leben – beste Voraussetzungen für das Regime, um einen zünftigen Märtyrer zu kreieren.
Das gelang und ein Gedicht von ihm wurde glatt zur Parteihymne der Nationalsozialisten erkoren. Auch in Bielefeld wurde der SA-Mann überschwänglich als „Held aus dem Volk" gefeiert. Man setzte ihm einen riesigen Gedenkstein, weihte an seinem Geburtshaus eine Gedenktafel, benannte eine Straße nach ihm, stellte ein Bronzedenkmal auf und feierte den „Horst-Wessel-Tag". Alles vorbei, alles weg, der Stein, das Denkmal, die Tafel, der Name – und den Liedtext kennt keiner mehr. Aber vergessen werden darf es nicht.

FLIEGENDE FLURE –
DIE GEBÄUDEVERBINDUNGSBRÜCKEN

Man muss es nur wollen, dann kann man in aller Ruhe durch Bielefeld gondeln und sich an den unterschiedlichsten Facetten der Stadt ergötzen. Die Metropole am Teuto deshalb allen Ernstes als „Venedig Westfalens" zu bezeichnen, mag nicht nur angesichts fehlender Gewässer ein wenig vermessen erscheinen. Und doch, wer offenen Auges durch die teils engen Straßenzüge flaniert, dem werden die zahlreichen Brücken auffallen, die mitten in Ostwestfalen durchaus an die italienische Lagunenstadt erinnern.

Praktische Überbrückung.

Insgesamt lassen sich rund dreißig dieser sogenannten Gebäudeverbindungsbrücken entdecken, die seit etwa 1900 einen praktischen Übergang von Haus zu Haus bieten. Ob sachlich modern, neugotisch verspielt oder anmutig filigran, die fliegenden Flure und hängenden Korridore verleihen der Stadt ganz ernsthaft eine besondere Note – und (mit ein wenig Fantasie) einen zarten Hauch von Venedig.

MUTTER SOLL'S RICHTEN –
GISELA SCHWERDT

Manchmal passiert es tatsächlich. Manchmal wissen selbst die beschlipsten Anzugträger nicht mehr weiter und müssen das Feld den Frauen überlassen. Und manchmal geschieht so etwas sogar in der männlichsten aller Männerdomänen, im Profifußball.
Es war in den ersten Tagen des März im Jahre 1986, als das Unglaubliche in Bielefeld geschah. Die blauen Arminen waren aus der ersten Liga abgestiegen,

Auch der Leineweber ist Arminia-Fan.

Auf der Alm herrscht Männerwirtschaft.

die Finanzen ein Debakel, das Management konfus und völlig ratlos. Eine wahrlich ernste Situation. Das Ende war nah, als der Profiklub seinen letzten Trumpf zog und Gisela Schwerdt zur Präsidentin wählte. Die damals 68jährige ehemalige Bürgermeisterin übernahm damit als erste Frau den Vorsitz eines professionellen deutschen Fußballvereins.

Einmal mehr sorgte Bielefeld bundesweit für Schlagzeilen und feierte seine Hoffnungsträgerin als „Mutter Teresa des Fußballs". Doch nach nur 266 Amtstagen schlug das Imperium der Männer zurück, Frau Präsidentin stolperte über eine Ablöseaffäre und wurde abgewählt. Seither wird die „Alm" wieder von Männern bewirtschaftet – und der sportliche Absturz ging weiter. Mutter Schwerdt nahm es sportlich und wurde trotzdem für ihre politische Arbeit und zahlreichen Ehrenämter mit dem Bundesverdienstkreuz 1. Klasse und dem Verdienstorden des Landes Nordrhein-Westfalen ausgezeichnet.

DER JAPANISCHE GARTEN

UNTERWEGS-SEIN-SONG

Bielefeld
WELTLÄUFIG

DER WEIHNACHTSTRUCK

FILMREIF — HERA LIND

Der Plot ist kurz erzählt: Eine junge Frau aus Bielefeld-Sennestadt studiert Theologie, wendet sich der Musik zu und wird als examinierte Opernsängerin weltweit gefeiert. Während der ersten Schwangerschaft überkommt sie die Langeweile und sie beginnt einen Herz-Schmerz-Roman zu schreiben, der aus dem Stehgreif zum Erfolg wird. Fortsetzungen folgen, Bestseller und deren Verfilmungen machen die Ostwestfälin zur mehrfachen Millionärin, ominöse Geldberater, totale Pleite, trotzdem das Glück gefunden! Ende.
Wer denkt sich nur so etwas aus? Nein, hier war nicht Rosamunde Pilcher am Werk, sondern das wahre Leben. Die Frau mit dieser filmreifen Lebensgeschichte erblickte als Herlinde Wartenberg den Himmel über'm Teuto. Nach ihrer Opernkarriere wurde die werdende Mutter von den leichten Musen geküsst. Fortan nennt sie sich Hera Lind, die mit „Ein Mann für jede Tonart", „Das Superweib"

Die Superostwestfälin: Hera Lind.

und etwa zwanzig weiteren Romanen zur bekanntesten deutschen Bestsellerautorin avanciert. Und der Rest? Stimmt auch. Pilcher a la OWL! Wer's mach'!

ECHT WEIT WECH –
DER JAPANISCHE GARTEN

9000 Kilometer, das ist mal echt weit wech. So weit ist es ungefähr von Bielefeld nach Japan. Und zwischen Teuto und Fuji liegt wahrlich mehr als nur die unglaubliche Entfernung. Dennoch nimmt der dortige Kaiser eines Tages seine Frau an die Hand, fliegt nach Europa und besucht Bielefeld. Der Tenno kommt, der „himmlische Herrscher" Japans! Bielefeld steht Kopf. Ein eindeutiger Beleg, dass sich die Leineweberstadt als „Perle Westfalens" bezeichnen darf! Zugegeben, der Tenno hat auf seiner Europatour 1993 auch andere Länder und Städte bereist, war aber gleich am zweiten Tag des deutschen Staatsbesuches da. Noch genauer: in Bethel, wo er sich in Begleitung von Gattin und Ministerpräsident Johannes Rau den Umgang mit behinderten Menschen erläutern ließ.
Seither erklärt die japanische Kaiserin immer wieder, wie sehr sie die Bodelschwinghschen Anstalten als Vorbild für ihre eigene Behindertenhilfe schätzt. Aus diesem Treffen und gemeinsam mit der Deutsch-Japanischen Gesellschaft entstand 2003 der einmalige Japanische Garten Bielefeld. Dort ist das „Weit wech" ganz nah. Ostwestfälische Gelassenheit und japanische Meditation, Sushi und Pumpernickel. Merkwürdig, aber richtig gut!

ALLES NUR SHOW –
DER WEIHNACHTSTRUCK

Alle Jahre wieder kündigt sich die bevorstehende Weihnachtszeit ähnlich an. Die Flut der Werbung wird unerträglich, „Last Christmas" läuft in Endlosschleife, Bretterbuden machen in Innenstädten auf Gemütlichkeit und über die Straßen rollen riesige rote Trucks mit Cola-Werbung. Besonders die PS-starken Weihnachtsbrummis machen dem Christkind seit 1997 im Namen von Santa Claus und brauner Brause Konkurrenz. Wochenlang touren die amerikanischen Weihnachtsboten quer durchs Land und lassen nicht nur Kinderherzen höher schlagen – da kommt kein Rentierschlitten gegen an.
Warum sich der pausbäckige Weihnachtsmann ausgerechnet Bielefeld als Zweitwohnsitz ausgesucht hat, um von hier aus seine alljährliche Coca Cola Tour zu starten, weiß der Himmel – und die Leute von „Rainbow Promotion", die sich im Stadtteil Ubedissen auf Showtrucks und Promotionsfahrzeuge spezialisiert haben.

Coca Cola kann Weihnachten und startet
seinen Truck in Bielefeld.

Mit hellem Köpfchen kriegt man's gebacken.

Ohne Oe. fehlte was

Das hellste Köpfchen Bielefelds prangt auf rotem Grund, ist eines der ältesten eingetragenen Warenzeichen überhaupt und seit über einem Jahrhundert das bekannteste Aushängeschild der Stadt: der rot-weiße „Hellkopf" des Oetkerkonzerns. Und weil es wohl kein Buch gibt, auf dem Bielefeld draufsteht und in dem nicht „Dr. Oe." drin ist, können wir uns hier kurz fassen: Es gibt noch mindestens 99 andere Dinge, Bielefeld, auf die du stolz sein kannst, aber es stimmt, ohne „Oe." fehlte dir was.

UNTERWEGS-SEIN-SONG – HANNES WADER

Seit jeher ist man in Ostwestfalen viel unterwegs. Die Römer und Franken marschierten hier, die Leineweber und Hollandgänger zogen ihres Weges, all die Händler, die ihre Nähmaschinen, Fahrräder und Druckerzeugnisse in die Welt trugen und nicht zuletzt die Eisenbahn und die A 2 sind Beleg dafür, dass in und um Bielefeld so ziemlich alles ständig in Bewegung ist. So ist es vielleicht gar kein Wunder, dass der Unterwegs-sein-Song schlechthin von einem Bielefelder stammt:

Der Bielefelder Barde bleibt bissig: Hannes Wader.

„Heute hier, morgen dort, bin kaum da, muss ich fort ..."
Wer kennt sie nicht, die Anfangszeilen von Hannes Waders bekanntestem Lied? Tatsächlich, der Polit-Barde, der mit seinen teils bissigen Texten als letzter Liedermacher der alten Garde gilt, wuchs in Hoberge-Uerentrup auf. Und er ist sich sicher, dass ihm „das Westfälische bis heute am Hacken hängt".

AHOi — SEGELMAGAZIN YACHT

Wenn der Ostwestfale von „Jacht" spricht, dann meint er zumeist das Waidwerk, bei dem grün gewandete Hubertusjünger mit ihren Flinten durch Wald und Wiesen streifen, um dem Wild nachzustellen. Doch selbst in einer Großstadt wie Bielefeld ist die Jägerei keine Besonderheit und bietet keinerlei Gründe stolz darauf zu sein.
Aber vielleicht meinen sie mit „Jacht" jene Motor- und Segelyachten, auf denen gut situierte Leute in ihrer Freizeit über Kanäle, Seen und Meere schippern? Aber in Bielefeld, weitab von schiffbaren Gewässern und rauschendem Wellenschlag? Jägerlatein? Seemannsgarn? Weder noch, in Bielefeld entsteht nämlich Europas größtes Segelmagazin „YACHT". Die Rechte an der bereits 1904 in Berlin gegründeten Zeitschrift übernahm Verleger Johannes Klasing im Jahre 1923 und übertrug die Geschäftsführung seinem Schwiegersohn Konrad Delius. Dieser baute das Verlagshaus nach dem Zweiten Weltkrieg in Bielefeld neu auf, wo es sich zum führenden

Anbieter für maritime Themen entwickelte und die Teutostadt zur Medienmetropole des Wassersports erhob. Und so ist der Name Bielefeld auf allen sieben Weltmeeren zu Hause.

Unglaublich

Dass Marco Polo, kurz bevor er 1295 von seiner legendären Chinareise nach Venedig heimkehrte, einen Abstecher nach Bielefeld machte, dort vom Grafen freundlich aufgenommen und in der noch neuen Sparrenburg einquartiert wurde und zum Dank das Rezept für Papier verriet (weshalb sich hier so viele Druckereien etc. ansiedelten), freigiebig sein Reise-Know-how zum Besten gab (die Geburt eines hiesigen Reiseführerverlages) und zum Beweis seiner Anwesenheit einige chinesische Münzen hinterließ, ist natürlich nur hanebüchene Spekulation.

Keine Spekulation, vielmehr ein Mysterium, sind allerdings einige chinesische Münzen aus dem 11. Jahrhundert, die man tatsächlich kurz nach dem Zweiten Weltkrieg in einem Loch an der Sparrenburg fand. Da ihre Herkunft noch immer ein Rätsel ist, darf wild spekuliert werden. Also, warum nicht Marco Polo?

VIVA, SIR VIVAL –
RÜDIGER NEHBERG

„Lieber kurz und knackig leben als lang und langweilig" ist eine Lebensdevise, die alles andere als ostwestfälisch daherkommt. Zugegeben, die Westfalen sind zäh, die Ostwestfalen erst recht, und die Bielefelder singen genau das, wenn ihre blauen Recken über den Rasen stürmen. Aber mit einer Nussschale den Blauen Nil befahren, durch die heißesten Wüsten der Welt joggen, sich im Urwald

Überleben für die Menschenrechte: Rüdiger Nehberg.

aussetzen lassen und im Tretboot den Atlantik überqueren? Wer kommt denn auf sowas?
So etwas macht natürlich nur Sir Vival! Sir wer? Na, dieser Würmeresser und Spinnenverzehrer, Rüdiger Nehberg halt, der „Tarzan vom Teuto" und Papst aller Outdoor-Freaks! Seit Jahrzehnten begeistert der in Bielefeld geborene Überlebenskünstler die Menschen mit seinen kuriosen, meist haarsträubenden Erlebnissen an den fernsten Enden der Welt. Doch bei seinen aberwitzigen Abenteuern geht es nicht darum, Pauschaltouristen das Gruseln zu lehren, sondern um handfeste Belange von Menschenrecht und Umweltschutz. Und das mit Erfolg. Respekt, Sir Vival, Bielefeld ist stolz!

ZU NEUEN UFERN –
REEDEREI WOERMANN

Möwen hat man am Klosterplatz noch nie gesehen und man befürchtet auch keine Sturmfluten. Trotzdem befindet sich an dieser Stelle der Heimathafen der einstmals größten Privatreederei der Welt. Im Woermannschen Hof, jenem prächtige Fachwerkhaus, in dem die heutige Klosterschule untergebracht ist,

Heimathafen Klosterplatz.

lebte zu Beginn des 19. Jahrhunderts die Kaufmannsfamilie Woermann, die sich ihre Brötchen ganz bielefeldtypisch mit dem Leinenhandel verdiente. Dem Unternehmerspross Carl war das nicht genug und so machte er sich auf zu neuen Ufern. 1837 gründete er in Hamburg ein Handelsunternehmen, mit dem er Leinen und Töpferwaren nach Südamerika und Westindien verschiffte und Kaffee und Zucker importierte. Nur zehn Jahre später fuhr das erste Schiff unter der Woermannschen Flagge, um die Märkte von Indien, Australien und Afrika zu erobern.

Carls Sohn Adolph gründete schließlich die „Afrikanische-Dampfschiffahrts-Actiengesellschaft", deren „Woermann-Dampfer" zum Inbegriff des Afrikahandels wurden. Auch als Politiker nahm der erfolgreiche Kaufmannsreeder mit Bielefelder Wurzeln viel Einfluss und war somit unmittelbar an der Errichtung der deutschen Kolonien in Afrika beteiligt. 1914 fuhren insgesamt 29 Dampfer und elf Küstenschiffe unter der Flagge der Ostwestfalen: seinerzeit die größte Privatreederei der Welt. Dass allerdings die Bielefelder seither behaupten, Hamburg sei nur ihr Hafen, ist nur Seemannsgarn.

SÜSSKRAMSPEZIS

KRIBBELKLANG VOM FEINSTEN

Bielefeld
WUNDERBAR

SO EIN TAG – BIELEFELD VS. MADRID

TSCHÜSS WAGNER – DAS STADTTHEATER

Jeder Bielefelder kennt das Stadttheater! Doch, oh weh, sind seit dem letzten Schauspielbesuch tatsächlich schon wieder Jahre vergangen? Und Oper? Gut, zugegeben, selbst die Klassiker von Aida bis Zauberflöte sind nicht unbedingt jedermanns Sache. Das ist heute so und das war Ende der 1970er-Jahre, als man vielerorts darüber nachdachte „Opas Theater" ganz zu schließen, auch so. Doch mit Intendant Heiner Bruns und Spielleiter John Dew pfiff in Bielefeld ab Anfang der 1980er-Jahre ein frischer Wind über die Bühne.
„Theater für alle", lautete das Motto. Bye Bye Mozart, Ciao Verdi, Tschüss Wagner, und her mit den vergessenen, von den Nazis verbotenen Stücken aus der Zeit der Weimarer Republik. Her mit den Themen der Zeitgeschichte.

Wunder gibt es immer wieder.

Und siehe, plötzlich waren die Ränge wieder voll. Mehr noch: Dass in der häufig geschmähten Provinz so viele verlorene und vergessene Opern „ausgegraben" wurden wie nirgendwo sonst, verwunderte und entzückte Publikum, Presse und Kritik gleichermaßen. Plötzlich galt das Bielefelder Theater gar „als deutsches Mekka des modernen Musiktheaters". Das neue Konzept machte Schule und ist bis heute als „Bielefelder Opernwunder" auch international ein Begriff. Wann war noch mal der letzte Theaterbesuch?

Nicht nur Fassade –
DAS KACHELHAUS

Mutig, mutig, was Architekt Paul Löwenthal da 1927 für Lebensmittelhändler Wilhelm Harms mitten in der Innenstadt errichtete. Zwischen den althergebrachten Fachwerkgebäuden entstand ein zweigeschossiges Geschäftshaus, dessen Fassade – so was hatte man ja noch nicht gesehen! – mit hellgrünen Keramikkacheln aus Meißen verkleidet war.

Viele Bürger empfanden das „Kachelhaus" schlechterdings als Provokation und auch Bauherr Harms schien sich seiner Sache nicht mehr so sicher gewesen zu sein, wie eine Inschrift verrät: „Hätten wir gewusst was es kust, hätten wir's gelusst." Aber so ist es wohl, wenn man sich ein extra extravagantes Haus bauen lässt.

Kontroverse Kachelkunst.

Trotz aller Kontroversen etablierte sich das Harmsche Brothaus. Die im damaligen Deutschen Reich nahezu einzigartige Immobilie überstand sogar Bombenkrieg und Sanierungswahn und wurde als „Butterkeller Kronsbein" und „Brothaus Rohde", „Zoo Kaese" und „Feinkost König" für Generationen von Bielefeldern zur Institution. Hinter der unverwechselbaren Fassade bietet heute ein Restaurant Einblick in eines der ausgefallensten Häuser der Stadt.

SO EIN TAG –
BIELEFELD VS. MADRID

Lang, lang ist es her, doch jeder, der nur einen Funken Ostwestfalenstolz in sich trägt, wird sich an das Jahr 1975 erinnern. Damals beging der DSC Arminia Bielefeld gerade sein 70-jähriges Vereinsjubiläum, als am 2. Februar die Fußballgiganten von Real Madrid als Gratulanten auf der Matte standen. Die Geburtstagsparty fand auf dem Rasen der Alm statt. Zum Freundschaftsspiel bot der spanische Spitzenclub alles auf, was Rang und Namen hatte, darunter auch die Fußballlegenden Paul Breitner und Günther Netzer.
Die Stadt am Teuto stand Kopf und die noch kümmerliche Alm-Arena verwandelte sich mit etwa 30 000 Besuchern in einen wahren Hexenkessel. Nur wenig beeindruckt lieferten die Arminen den Iberern ein heißes Tänzchen. Zwar unterlagen sie am Ende mit 2:4, aber den Fans war es jedoch Beweis genug, dass das Hoffen auf die Bundesliga kein Traum bleiben muss.

Und sie träumen noch heute.

„So ein Tag, so wunderschön ..." Ach ja, diese schönen Erinnerungen. Bis heute sorgen sie an langen Tresen dafür, dass Tränen des Glücks die schwarz-weiß-blauen Fanschals benetzen.

KRIBBELKLANG VOM FEINSTEN – DER HAMMERFLÜGEL

„Ein Flügel, ein Flügel, von der Nanette aus Wien." Ob die Pianistin, die vor einigen Jahren den sogenannten „Streicher-Flügel" wieder entdeckte, ihrer Freude im Stile Loriots Ausdruck verlieh, ist leider nicht überliefert. Tatsächlich waren die Liebhaber klassischer Musik und die Freunde historischer Tasteninstrumente weitgehend aus dem Häuschen, als sie erfuhren, welchen Schatz die Bielefelder in einem Gang der Oetkerhalle abgestellt hatten. Das unbeachtete Piano-Forte wurde im Jahre 1829 in der weltberühmten Werkstatt „Nanette Streicher geb. Stein und Sohn" gefertigt, stand lange im Schloss Bückeburg, ging schließlich in den Besitz der Kunstgewerbesammlung Bielefeld über und wurde abgestellt.
Heute steht der „Rolls Royce des damaligen Klavierbaus" im Museum Huelsmann im Ravensberger Park, wo er zu besonderen Gelegenheiten endlich wieder bespielt wird. Zugegeben, jene „sinnliche Mischung aus obertonreichem, silbrigem Diskant und dunkelgefärbten Bässen" erhören wohl nur die geschultesten Ohren. Allerdings handelt es sich weltweit um einen der letzten spielbaren Hammerflügel mit seltener „Oberschlagmechanik", und das sollte auch dem letzten Klassikmuffel die Gehörgänge wunderbar vor Stolz erkribbeln lassen.

Entspannung in himmlischer Ruhe.

Ruhepol

Die Bielefelder Innenstadt entspricht dem, was man von den achtzehn Größten deutschen Großstadt erwarten kann: voller wuseliger Betriebsamkeit, rastlosem Shoppinggetriebe und endloser Blechlawinen. Die ganze Innenstadt? Nein, denn inmitten der alltäglichen Hektik, und von vielen kaum wahrgenommen, liegt der „Alte Friedhof". Bereits 1808 angelegt, hat sich der relativ kleine Gottesacker zu einer idyllischen Parkanlage entwickelt, in der nicht nur Shoppinggeplagte entspannt ein wenig Ruhe tanken können. Dass man nebenbei zudem noch ein wenig Kunst, Kultur und Stadtgeschichte erfahren darf, sei nur am Rande erwähnt – nicht, dass hinterher noch Leute herkommen.

WUNDER IN TÜTCHEN – KAISER-NATRON

Um erfolgreich zu bleiben, müssen selbst gestandene Unternehmen immer wieder mit guten Ideen aufwarten. Wie wäre es also mit einem kleinen Wundermittelchen, das man sowohl zum Backen als auch zum Wäschewaschen benutzen kann, das Kohl und Hülsenfrüchte schneller garen lässt, Blumentöpfe und Thermoskannen reinigt, Ameisen und lästige Gerüche vertreibt, Insektenstiche und Sonnenbrand lindert, Bade- und Kaffeewasser weich macht, als Deo-Ersatz und zur Zahnpflege

Alleskönner aus dem Tütchen.

dient und obendrein auch noch gegen Völlegefühl, Schweißfüße und Kopfschmerzen hilft? Das wäre wirklich genial, aber ... Nix „aber", so etwas gibt es nämlich schon längst.

Seit über 100 Jahre produziert die bereits 1825 gegründete Bielefelder Firma Holste den Tausendsassa unter den Haushaltshilfen unter dem Namen „Kaiser-Natron". Das pulverige Allheilmittel ist eines der ältesten deutschen Markenartikel und wird schon seit Großmutters Zeiten „für die Küche, Reise und zum medizinischen Gebrauch" gepriesen. Kleines Tütchen, wunderbare Wirkung.

SÜSSKRAMSPEZIS –
KNIGGE, KRAUME UND SCHOKO-PETER

Bielefeld eine Hochburg des süßen Lebens? Aber klar, besonders die beiden Konditoreien Knigge (seit 1912) und Kraume (seit 1966) verhalfen der Stadt zu diesem besonderen Ruhm, der von zahllosen Auszeichnungen, Pralinen des Jahres, besten Café-Rankings und Erwähnungen in Feinschmeckermagazinen bestätigt wird. Beide Süßkramspezialisten verführen mit Köstlichkeiten, die wahrlich jede Sünde wert sind. Das wusste auch die Hollywoodschauspielerin Audrey Hepburn, die sich ihre Hochzeitstorte von Knigge kreieren ließ.

Und wer sich mal ein echtes Stück Bielefeld genehmigen möchte, der greife zu den Drei Sparren, dem Leineweber oder der Sparrenburg, mit denen Kraume ihrer Stadt ein kulinarisches Denkmal gesetzt hat. Und weil sie so wunderbar süß sind, diese Bielefelder, darf der kleine „Schoko-Peter" nicht vergessen werden, der die Einwohner seit über 50 Jahren vor Unterzuckerung bewahrt. Ein Minilädchen mit Megaauswahl – garantiert kalorienreich.

KELLERKINDER – BUNKER ULMENWALL

HEILIGER HIP-HOP – CASPAR

ÖDNIS WIRD AUGENWEIDE

Bielefeld
BERÜHMT
BERÜCHTIGT

BLITZESCHNELL –
DIE RADARFALLE

Die A2 ist eine der bedeutendsten Verkehrsachsen Europas und neben der A3 die meistbefahrenste Autobahn im ganzen Land. Ihr wohl gefährlichster Abschnitt mit Kurve und Gefälle verläuft ausgerechnet bei Bielefeld. Um der hohen Unfallquote auf der „Warschauer Allee" zu begegnen, nahm im Dezember 2008 ein Blitzer seine Arbeit auf. Nein, kein neuer Job für „Ernie", sondern so ein gemeiner Autofotografier-Apparat. In kürzester Zeit avancierte die schlichte Anlage zur bekanntesten Radarfalle in ganz Deutschland und zum fleißigsten Mitarbeiter des Bielefelder Ordnungsamtes.
Im Durchschnitt schlägt die „Falle" alle zwei Minuten zu. Die fast 700 Schnappschüsse pro Tag werden von etwa 30 Mitarbeitern bearbeitet, die inzwischen

bereits über 35 Millionen Euro für die Stadtkasse einfordern konnten. Und was dem fleißigen Blitzer schon so alles vor die Linse kam: der Spitzenraser mit 221 km/h, der Waidmann, der bei Tempo 130 sein Jagdhorn bläst, oder eine rasende Familie mit dem 13-jährigen Sohn am Steuer. Dagegen nehmen sich Riesenteddys auf dem Beifahrersitz, nackte Damen auf dem Schoß des Fahrers oder ein Michael-Jackson-Double doch harmlos aus. Auch die Prominenz, darunter die Dressur-Olympiasiegerin Isabelle Werth, der Sänger Peter Maffay und die Tatort-Kommissarin Simone Thomalla, schauen regelmäßig vorbei. Der Maler Markus Lüpertz ließ sein Supersportmobil sogar gleich zweimal ablichten. Und in der Kasse macht es klingeling ...

Schnapsidee

Mit reichlich Zucker und Fruchtzusatz, die den Schnapsgeschmack überlagerten, sorgten Mixliköre in den 1970er-Jahren auf jeder Party für Stimmung – und manch böses Erwachen. Zum absoluten Kultgetränk stieg in jenen Jahren der „Saure Paul" auf, dessen zitronige 30 % Vol. zuerst die Gesichtszüge und dann auch Weiteres entgleisen ließen. Die erschöpfende Feldforschung ergab, dass sich die gelbliche Spirituose in und um Bielefeld großer Beliebtheit erfreut. Und das kommt nicht von ungefähr, denn schließlich soll die Schnapsidee „nachweislich" genau hier erdacht worden sein, in der einstigen Bierstube „Krawattendiele" (heute „Der Koch") am Siegfriedplatz.

NABELSHOW – ERNIE

Kunstvolle Hingucker gibt es in Bielefeld zahlreiche. Die einen sind schön drapiert in den verschiedenen Museen und Galerien zu finden, die anderen haben ihren festen Platz im Stadtbild, wo sie mal mehr, mal weniger, mal gar nicht wahrgenommen werden.

Im Grunde aber kann sich nur eines dieser betrachtenswerten Objekte seit seiner Erschaffung stetiger Aufmerksamkeit gewiss sein: „Ernie", Deutschlands bekanntester Flitzer. Der radelnde Bodybuilder taucht plötzlich in der Fußgängerzone, auf Volksfesten oder gar beim Weltkongress der Soziologen auf, um sich nackig zu machen und seinen gestählten Körper als Gesamtkunstwerk zu präsentieren. 1997 wurde Ernst Wilhelm Wittig – so sein bürgerlicher Name, unter dem ihn diverse Anzeigen ereilten – weit über seine Heimatstadt hinaus bekannt, als seine textillose Einlage zur Unterbrechung eines Bundesligaspiels führte.

Den Olymp der internationalen Flitzerszene erreichte er dann 2005, als er – fast 60-jährig, aber beneidenswert straff – vor über 75 000 Zuschauern auf dem Mittelkreis seine Nabelshow darbot. Als typischer westfälischer Dickschädel konnten ihn weder Geld- noch Gefängnisstrafen von seinem Tun abbringen. Und auch wenn Narzissmus jeglicher Art der Gesinnung der Bielefelder gemeinhin zuwider ist, „Ernie" mögen irgendwie fast alle.

Inzwischen ist es ruhiger um ihn geworden, doch der Rang eines Bielefelder Originals, eines gut gebauten noch dazu, ist ihm weiterhin gewiss.

HEILIGER HIP-HOP – CASPAR

Der eine Caspar streift zur Weihnachtszeit mit seinen beiden Kumpels durchs Land. Eine berühmte Truppe! Der andere Caspar geistert als niedliches Comic-Gespenst durch die Kinderzimmer. Auch ziemlich berühmt! Und dann gibt es jenen Caspar, der eigentlich Benjamin Griffey heißt und bereits mit allen möglichen Preisen der Musikindustrie ausgezeichnet wurde. Also auch sehr berühmt. Den kennen sogar Leute, die mit

Der Rapper aus dem „Hinterland".

Rap und Hip-Hop nicht das Geringste anfangen können. Zwar ist sein Geburtsort Bösingfeld bei Lemgo nur fast Bielefeld, aber da er Bielefeld explizit als seine Heimat versteht und überdies als glühender Arminia-Fan verbürgt ist, muss der gepriesene „Retter des deutschen Hip-Hop" Erwähnung finden.

NIX MIT MARATHON –
DER HERMANNSLAUF

Es ist eindeutig, logisch und wissenschaftlich bewiesen, dass der „Hermannslauf" nicht von Hermann dem Cherusker erfunden wurde, als er den Römern eine Schlappe verpasste, dann hurtig nach Bielefeld eilte, um in der Altstadt den Sieg über Varus zu feiern. Nein, ein ostwestfälisches Marathon-Ereignis hat es nie gegeben. Schade eigentlich. Dennoch nehmen alljährlich im April über 7000 Sportler an dem Lauf vom Hermannsdenkmal bis zur Sparrenburg teil, womit der Hermannslauf zu den großen Laufveranstaltungen des Landes gehört. Inzwischen von rund 40 000 Zuschauern angefeuert, plagen sich die Sportler seit 1972 Jahr für Jahr über die 31,1 Kilometer lange Strecke.

Dabei geht es quer durch den Teutoburger Wald und wortwörtlich über Stock und Stein, Asphalt, Beton, Sandpisten und Kopfsteinpflaster sowie über die berühmt-berüchtigten Wadenkiller-Treppen von Lämmershagen. An der Sparrenburg wird schließlich jeder „Finisher" wie ein Held gefeiert, zumal

Auf die Plätze, fertig, lauft!

er vielleicht keine römischen Legionen, zumindest aber den inneren Schweinehund überwunden hat. Am Ende sind alle ein bisschen Hermann und die große Altstadtsause kann beginnen. Und ja, es ist merkwürdig, aber wahr, dass der Volkslauf einst vom Bielefelder Ski-Club e. V. ersonnen wurde.

BI - DFBATW - DIE STADTBAHN

Die 60er-Jahre. Überall herrscht Aufbruchstimmung. In nahezu allen Städten wird gebaggert und gebuddelt, planiert und asphaltiert. Der Kriegsschutt ist beiseitegeschafft und nun wird Platz gemacht für den mobilen Menschen. Straßen, Autobahnen, Parkplätze, Parkhäuser ... überall, wo noch ein wenig Freifläche vorhanden ist, wird dem Automobil Vorfahrt eingeräumt.
Die betagten Straßenbahnen stören jedoch den Fluss der Blechkarawanen und werden in Stuttgart (1966), Essen (1967), Frankfurt und Köln (1968) in unterirdische Tunnel verlegt. Eine feine Idee, dachte man sich in Bielefeld, und begann alsbald damit, ebenfalls einen ehrgeizigen Tunnelplan in die Tat umzusetzen. 1971 war der erste 250 m lange Tunnelabschnitt unter der Herforder Straße fertiggestellt. Da der Stadt jedoch die finanzielle Puste ausging, blieb es bei der U-Bahn-Station Beckhausstraße, womit sich Bielefeld mit der „kleinsten U-Bahn der Welt" brüsten durfte. Erst 1977 wurde weitergetunnelt.
Über zwanzig Jahre nach dem ersten Spatenstich – der Slogan „Bielefeld – die freundliche Baustelle am Teutoburger Wald" hatte sich wahrlich manifestiert –, begann im April 1991 am Teuto das Stadtbahn-Zeitalter.

ÖDNIS WIRD AUGENWEIDE – DER KESSELBRINK

Er hat wirklich alles, was eine Stadt nicht braucht. Er ist groß, hässlich und nicht zu übersehen. Störende Häuser kann man abreißen, unschöne Straßen in den Untergrund verlegen, aber der Bielefelder Problemplatz will einfach nicht verschwinden.

Ein Platz, ein Brunnen und viele Probleme: der Kesselbrink.

Und was hat man nicht schon alles versucht! Erst war er Weideplatz für Vieh, dann sogar Heilquelle mit Badebetrieb, dann Exerzierplatz und Grünanlage, Kirmesplatz, Parkplatz, Marktplatz und Busbahnhof: der Kesselbrink, eine Ödnis in Asphalt. Endlich, im Jahre 2013, erfolgte eine umfangreiche Neugestaltung. Es entstand ein zentraler Treffpunkt mit Springbrunnen, moderner Gastronomie, Grünanlagen, Hochbeeten und der größte innerstädtischen Bike- und Skateranlage Deutschlands. Da machte sich im hässlichen Herzen der Stadt tatsächlich Wohlfühlcharakter breit und allüberall schlug man sich stolz an die Brust.

Doch der Kesselbrink wehrt sich beharrlich gegen alle Wohlgestalt. Vandalismus und Drogenhandel hielten Einzug, die Skateranlage barg ein Unfallrisiko für spielende Kinder und schließlich floppte der begrünte Gastro-Würfel. Irgendwann, ganz bestimmt, wird sich der sture Problemplatz in eine liebenswürdige Augenweide ohne Bauzäune verwandeln, irgendwann.

KELLERKINDER –
BUNKER ULMENWALL

Der Zweite Weltkrieg war gerade vorbei, die meisten Trümmer beseitigt und auch in Bielefeld ging man hemdsärmelig daran, sich für eine bessere Zukunft zu rüsten. Aber was sollte man bloß mit diesen Jugendlichen anfangen, jener vaterlosen Generation, die sich ohne führende Hand hemmungslos den schädlichen Massenmedien hingab? Film, Funk, Fernsehen und Reklame waren, da war man sich einig, für den Verfall der Sitten zuständig. Schon jetzt sah man sie auf den Straßen lungern – halbstark und mit schlechtem Benehmen. Und dann auch noch diese Musik mit wildem Rhythmus und noch wilderen Tänzen. Rock'n'Roll nannten es die einen, eine „Jugendkrankheit" die anderen.

Gut, dass man den ollen Bunker am Ulmenwall schon 1946 als Jugendheim der besonderen Art deklariert hatte. Was alliierten Bomben widerstand, würde doch wohl auch den angloamerikanischen Beat in die Schranken weisen. Drei Meter dicke Betonmauern, das sollte reichen. Und so zog die Bielefelder Jugend in den Untergrund. Ab 1956 fanden in dem schalldichten Jugendtreff die ersten Jazzbandbälle statt und machten den Biele-Bunker als eine der ältesten Jazz-Spielstätten Deutschlands berühmt. Rasch entwickelte sich das gedrungene Gewölbe vom ostwestfälischen Geheimtipp zur internationalen Bühne, auf der die Künstler in Augenhöhe mit dem Publikum lesen, singen oder spielen. Nicht jedermanns Sache, aber dafür „very, very hot", wie Jazzer aus New York meinten und den Keller „Toaster" tauften. Von Sparzwängen gebeutelt, stand der Kult-Keller in den 1990ern kurz vor dem Aus. Doch die Bielefelder Kellerkinder von einst und jetzt sorgten mit Protest und Prominenz dafür, dass der Untergrund-Toaster weiterglüht.

Ein international bekannter Geheimtipp.

AUF'M SIGGI – DIE SUPERTRAM

SOWOHL-ALS-AUCH-MONETEN

SANFTES LIFTING – HIRO

Bielefeld
ORIGINELL

COCKTAIL STATT OBLATEN – „GLÜCK & SELIGKEIT"

Im Namen des Essens, des Trinkens und des heiligen Entspannens wurde Ende 2005 in Bielefeld ein Ort geschaffen, der seinerzeit in ganz Deutschland einzigartig war. Ursache war die neugotische Martini-Kirche aus den 1890er-Jahren an der Arthur-Ladebeck-Straße. Was sollte bloß mit ihr geschehen? Mit löchrigem Dach und erloschenem Denkmalschutz hatte das alte Gotteshaus wahrlich seine besten Tage hinter sich, und die Abrissbagger wetzten schon ihre Schaufeln … Die Lösung war so einfach wie originell: Altar, Bänke und Beichtstuhl raus, Tresen, Tische und Loungesessel rein. „Cocktailkarte statt Gesangsbüchern, bestes Essen statt Oblaten" lautete das gewagte Motto. Dazu noch modernste Innenarchitektur und ein spannendes Lichtdesign – fertig war das „Glück &

Cocktailkarte statt Gesangbuch.

Seligkeit". Bis heute wird das Bar-Lounge-Restaurant unter der Kirchenkuppel als eine der spektakulärsten Gastro-Locations der Stadt gefeiert, der selbst das japanische Fernsehen einen umfangreichen Beitrag widmete. Ist ja klar, wenn Ostwestfalen zum hochprozentigen Abendmahl pilgern und kulinarischen Glaubensbekenntnissen frönen, dann fällt das selbst in Nippon auf.

VON DER ROLLE –
DAS MEDIENARCHIV

Das klassische Kino, in dem die neuesten Hollywood-Produktionen auf mehreren schweren Rollen herangekarrt und die empfindlichen „Streifen" von einem professionellen Vorführer in komplizierte Apparaturen gefädelt wurden, ist tot. Zumindest fast, wären da nicht jene verrückten Cineasten, die es sich zur Aufgabe gemacht haben, die alten 35-mm-Schätze samt Zubehör und Technik zu sammeln und zu bewahren.
So entstand in Bielefeld die umfangreichste private Film- und Ton-Sammlung in Deutschland. Mehr als 80 000 Filmrollen in 35 mm und 16 mm (die älteste zeigte eine Wochenschau von 1912), über 20 000 historische Tonträger sowie diverse Kinotechnik und Filmequipment hat Frank Becker seit den 1970er-Jahren zusammengetragen, fachkundig restauriert, verzeichnet und gelagert.

Kein Wunder also, dass die Film- und Fernsehbranche regelmäßig in Bielefeld anruft, um sein Medienarchiv (seit 2011 Frank-Becker-Stiftung) nach historischen Aufnahmen für Reportagen und Dokumentationen zu durchforsten. Und um die cineastischen Schätze nicht nur zu bewahren, sondern auch lebendig zu halten, hat das Medienarchiv verschiedene Filmtheaterprojekte und ein Wanderkino ins Leben gerufen. Noch ist das klassische Kino nicht abgedreht, „demnächst in diesem Theater", natürlich in Bielefeld.

Das Blaumännchen

Bielefelds bekanntester Teenager sammelt nach eigenen Angaben leidenschaftlich gerne Mützen und Kulis, liebt Fischstäbchen und Brokkoli, hasst Sauerkraut und sein Traumberuf ist – was auch sonst – Fußballprofi. Der rundliche Knabe mit dicker Nase kam 2005 auf die Welt und macht seither als quirliger blauer Öltropfen Werbung für medizinische Hautpflegeprodukte: Lino. Benannt wurde er nach der Linola-Salbe, die der Bielefelder Chemiker Dr. Kurt Wolff bereits 1938 herstellte und die nun schon seit Generationen von Menschen mit sehr trockener Haut gefragt ist. Inzwischen wurde eine ganze Produktreihe entwickelt, für die der blaue Lino als Maskottchen ziemlich erfolgreich unterwegs ist – und zwar so erfolgreich, dass ihm die Dr. August Wolff GmbH eine eigene Fanpostadresse eingerichtet hat.

AUF'M SIGGI – DIE SUPERTRAM

Wenn der Gast nicht zur Theke kommt, muss die Theke eben zum Gast! Das unbekannte Sprichwort könnte gegen Ende der 1990er-Jahre im Bielefelder Westen geprägt worden sein, als sich der dreieckige Siegfriedplatz von einer lärmigen Dauerbaustelle in den lauschigen Treffpunkt von ehedem zurückverwan-

Letzter Halt: Siegfriedplatz.

delte. Immer wenn die Sonne schien, fanden sich hier Studenten und junge Familien ein, um auf Picknickdecken und Klappstühlen die Schönwetterphasen zu genießen. Mmmh, dachte sich ein findiger Wirt, wie wäre es mit ein wenig Freiluftgastronomie? Doch das Ordnungsamt erkannte in dem dichten Beisammensein von schlemmenden Gästen, wuselnden Kellnern und fahrenden Autos ein allzu großes Gefahrenpotenzial und machte dem Wirt einen Strich durch die Biergartenrechnung.

Doch, so ein anderes unbekanntes Sprichwort, man stelle sich niemals zwischen einen Bielefelder und seine Idee! Kurzerhand und mit riesigem Kranwagen wurde ein alter Straßenbahntriebwagen aus Brandenburg auf dem „Siggi" geparkt, mit unterirdischen Bier- und Wasserleitungen ans Restaurant angeschlossen – und schon war die Theke bei den Gästen. Seither gilt der Biergarten mit der „Supertram" als einer der schönsten Treffpunkte der Stadt. Im Sommer. Wenn die Sonne scheint.

SOWOHL-ALS-AUCH-MONETEN – DAS BETHEL-GELD

„Oh wie schön ist Papua-Neuguinea!", möchte man erfreut losträllern, wenn man davon liest, dass auf einigen fernen Pazifikinseln mit Muscheln bezahlt werden darf. Ein solches pekuniäres Paradies, in dem der Einkauf mit Muschelgeld beglichen werden kann, wird man sich wohl nur in Utopia vorstellen können. Oder aber in Bielefeld! Halt, nicht so schnell, bringen Sie

Komplementär: „Muschelgeld" auf ostwestfälisch.

Ihre Muschelsammlung vom Nordseestrand nicht sofort zu einem Bielefelder Bankschalter. In Melanesien gilt die Kina-Muschel tatsächlich als traditionelles Zahlungsmittel, das neben dem offiziellen Geld Gültigkeit hat. Und eine solche „Sowohl-als-auch"-Währung wird seit 1908 auch in den von Bodelschwinghschen Stiftungen Bethel in Bielefeld ausgegeben: die Bethel-Mark bzw. der Bethel-Euro. Streng genommen handelt es sich bei dieser Währung um Warengutscheine, die in einigen Geschäften in Bethel akzeptiert werden. Immerhin, die bunten Geldscheine in sieben verschiedenen Werten gelten als älteste noch existierende Komplementärwährung des Landes. Also, alle zusammen: „Oh wie schön ist Bielefeld!"

SANFTES LIFTING – HIRO

Alle wollen nach oben. Oben ist gut, oben ist erfolgreich. Aber der Weg dorthin ist nicht immer ganz leicht, besonders wenn es darum geht, Lasten zu befördern, oder wenn die Gesundheit zu wünschen übrig lässt. Und so machten sich der Maschinenfabrikant Friedrich Wilhelm Hillenkötter und der Gastwirt Hermann Ronsieck ab dem Jahre 1897 in Bielefeld daran, Maschinen zu entwickeln, die den Weg nach oben erleichtern: Hebezeuge und Krane, wie die Fachleute sagen. Bald folgten die ersten seilbetriebenen Personen- und Lastenaufzüge, die vor allem in Warenhäusern und hohen Wohnhäusern beliebt wurden.
Weltweite Bekanntheit erlangten die Bielefelder Höhenüberwinder in den 60er-Jahren, als sie die damals höchsten Gebäude der Welt, das World Trade Center in New York und das John Hancock-Center in Chicago, mit Fassadenliften ausstatteten. In Deutschland wurde HIRO vor allem als größter Hersteller von Treppenliften und Rollstuhl-Schrägaufzügen bekannt. Überall wo es hoch hinauf geht, ob auf riesige Sende- und Hochspannungsmasten oder in den nächsten Stock, diesen Bielefeldern gelingt tatsächlich ein sanftes Lifting ohne Nebenwirkungen.

MIT GESTERN NACH MORGEN

KLASSE STATT MASSE – DIE „KAMERA"

Bielefeld

AUSGEZEICHNET

AM ENDE ECHT SCHÖN

THE 100 – UNIVERSITÄT IM RANKING

Mit ihrem Geburtsjahr 1969 gehört die Bielefelder Universität eindeutig zu den Heranwachsenden in der Hochschullandschaft. In einem Ranking mit allen angesehenen Akademien der ganzen Welt hätte der Youngster gegen die zahllosen uralten und ehrwürdigen Bildungsanstalten wohl kaum eine Chance. Ungerecht, fand das britische Wissenschaftsmagazin „Times Higher Education", und stellt daher einen weltweiten Vergleich aller Hochschulen an, die vor weniger als 50 Jahren gegründet wurden. Aus 13 Bewertungskriterien erstellte das Magazin die internationale Rangliste „THE 100 Under 50", in der die Uni Bielefeld im Jahre 2015 immerhin auf Platz 57 landete. Durchaus bemerkenswert.

Noch ganz jung, doch schon ganz weise: die Uni.

Richtig stolz macht dieses Ranking jedoch, wenn man weiß, dass es nur sieben deutsche Unis in die Top 100 schafften. Hinter Ulm, Konstanz, Bremen und Bochum erreichte Bielefeld den fünften Platz. Wenn das kein Grund zur Lobhudelei ist?

MIT GESTERN NACH MORGEN – DAS HISTORISCHE MUSEUM

Museum? „Gääähn!" Geschichte? „Och nee, die Zahlen kann sich doch eh keiner merken!" Ja, auch in Bielefeld wurde es immer schwieriger, die Menschen für die Vergangenheit zu erwärmen, mag sie noch so interessant, bedeutend und spannend sein – „lang-weil-ig!" Ein echtes Problem für die Kulturschaffenden. So viele tolle Sachen, doch keiner will sie sehen! Es musste dringend etwas geschehen, um dem alten „Historischen Museum" der Stadt neuen Wind einzuhauchen.

Als sich 1994 die Pforten des neu gestalteten Hauses in einem Nebengebäude der Ravensberger Spinnerei öffneten, hatten die kreativen Köpfe ganze Arbeit geleistet. Die Präsentation der Bielefelder Vergangenheit wurde nicht nur von Fachleuten als innovativ und ideenreich, als experimentell und anregend empfunden. Natürlich gab es auch wieder einige Nörgler, die den entkrampften Umgang mit der Geschichte als unseriös kritisierten. Spätestens im folgenden Jahr schwiegen auch diese, als das Bielefelder Museum als erstes europäisches

Haus mit dem „Dibner Award" ausgezeichnet wurde: für die weltweit beste Darstellung der Industrialisierung einer Region und ihrer Sozialgeschichte. Seither überrascht das Museum regelmäßig mit wirklich sehenswerten Ausstellungen. Museum? „Wie geil ist das denn?"

Frischer Wind für olle Kamellen.

KLASSE STATT MASSE – DIE „KAMERA"

Bielefeld, eine der angesagtesten Kinometropolen des Landes? Man mag es kaum glauben, aber so war es tatsächlich. Damals, als die Kinos noch Filmtheater hießen, reiste die Prominenz der Filmwelt regelmäßig an, um mit großem Medienrummel die neuesten Streifen vorzustellen. Hans Albers, Heinz Rühmann, Romy Schneider und Hildegard Knef, sie alle waren hier. Lang, lang ist es her, denn schließlich sorgten

Kein Kino von der Stange!

Fernseh- und Videogeräte dafür, dass nicht nur in Bielefeld in den meisten Lichtspielhäusern das Licht für immer ausging. Für Gloria-Palast, Universum, die Skala mit dem Studio, Capitol, Gloria mit Gloriette, Movie und Astoria hieß es schlicht und ergreifend „Ende".

Nur die kleine „Kamera", die seit 1957 an der Feilenstraße residiert, stellte sich dem Multiplex-Blockbuster-Trend entgegen. Mit Klasse statt Masse, mit europäischen und deutschen Produktionen statt Hollywood-Discountware, blieb das Kino der Filmkultur treu und gilt heute als eines der ältesten und höchstdekorierten Filmkunsttheater Deutschlands. Inzwischen wird die „Kamera" vom Verein „Filmhaus Bielefeld e. V." geführt, der mit dem Filmkunstkino „Lichtwerk", dem „Luna" Open Air Kino und besonders mit dem Konzept „MondscheinKino" die ganze Stadt verzauberte. Längst ist der Ruf der versierten Kinomacher weit über OWL hinaus vernommen worden und sorgt dafür, dass Bielefeld überregional – zumindest bei echten Cineasten – als Filmkunstmetropole Beachtung findet.

Rudel-Hüpfen

Wenn sich Hunderte von Menschen draußen treffen, um gemeinsam eine Fußballfernsehübertragung zu schauen, ist das nix besonderes mehr. Rudelgucken ist spätestens seit der WM 2006 auch in Bielefeld üblich. Wenn sich jedoch 1067 Bielefelder bei Technomusik zum Massen-Hüpfen im Jumpstyle versammeln, dann sorgt das durchaus für Aufmerksamkeit: 2009 gab's für den Massentanz der Ostwestfalen einen offiziellen Eintrag ins Guinnessbuch der Rekorde.

PROBLEMLÖSER – AGFEO

Bielefeld ist Studentenstadt und Studenten haben stets ein vordringliches Problem: Wo kann ich kostengünstig wohnen? Und so fanden sich auch am Teuto angehende Akademiker, die sich der Idee der Wohngemeinschaft verschrieben.

Eine WG zu gründen war meist einfach, eine WG zu erhalten manchmal ganz schön kompliziert und voller Tücken. Kühlschrank, Abwasch, Telefongebühren lautete der Dreiklang der größten WG-Probleme. Während das erste Problem durch Klebezettel und kleines Budget reguliert wurde, man zweites durch Küchenpläne organisieren wollte, sorgte das kleinliche Zählwerk GAZ 65 mit seinen weißen Zahlen auf schwarzen Rädchen dafür, dass die anfallenden Telefongebühren für Gespräche in die ferne Heimat taktgenau notiert werden konnten.

Die langen handgeschriebenen Listen unter dem Telefonapparat gehörten in jenen handylosen Zeiten in jeder WG dazu, genau wie die elendige Auswertung, wenn die Gebührenrechnung ins Haus flatterte – zählen, zoffen, Friedensfeier. Hergestellt wurden die ausgezeichneten Streitschlichter übrigens von der Firma AGFEO in Brackwede, jahrzehntelang Hauptlieferant für die Gebührenanzeiger der Bundespost.

MARKENFÜHRER –
BRIEFMARKENSTELLE BETHEL

Wenn es darum geht, mit kleinen Dingen eine große Wirkung zu erzielen, dann ist man in Bielefeld seit jeher auf Zack. So ist es auch mit jenen hauchdünnen Papierfitzelchen, die seit Mitte des 19. Jahrhunderts

Eine Heimat für alle Marken.

die zu befördernde Post kennzeichnen und rasch zur Leidenschaft zahlreicher Sammler wurden.
Bereits 1888 erkannte Friedrich von Bodelschwingh, dass in der grassierenden Sammelwut durchaus Potenzial steckte, das seiner Bethel-Stiftung von Nutzen sein könnte, und gründete die Briefmarkenstelle Bethel. Binnen kürzester Zeit fanden zahllose Sendungen mit Bergen von gebrauchten Briefmarken den Weg nach Bielefeld, wo sie von Menschen mit Behinderung ausgeschnitten, sortiert, verpackt und wieder an Sammler verkauft wurden. Nach dem Motto „Briefmarken für Bethel!" sammeln bis heute Einzelpersonen, Kirchengemeinden, Schulen und Firmen die zackigen Postwertzeichen, um die Arbeit der diakonischen Einrichtung zu unterstützen. Und so werden alljährlich etwa 29 Tonnen (!) Briefmarken (umgerechnet 128 Millionen Einzelexemplare) in Bethel aufbereitet, die dafür sorgen, dass 125 behinderte Menschen einen sinnvollen Arbeits- und Beschäftigungsplatz finden. Und 1988, zum hundertjährigen Bestehen, wurde die Briefmarkenstelle Bethel selbst auf einer Briefmarke verewigt. Briefmarkenfreunde erwerben die gezackten Wertzeichen zumeist als bunt gemischte Kiloware – immer in der Hoffnung, einen markigen Schatz zu erwischen.

Spektakelkluft

Die Bielefelder Traditionskicker wissen, wie man sich spektakulär in Szene setzt. Abenteuerliche Tabellentalfahrten, rekordverdächtige Aufstiege und der eine oder andere Skandal sorgten immer wieder für Aufsehen. Doch was sich Arminia und die Herforder Brauerei im Jahre 1999 überlegten, verhalf dem Verein sogar zu einem Eintrag im Guinnessbuch der Rekorde. Kurzerhand streifte man der Arminiusstatue auf dem Hermannsdenkmal ein überdimensionales Trikot aus 130 m² Stoff über, das als „größtes Fußballtrikot der Welt" verzeichnet wurde. Der alte Recke im Sportlerdress – ein witziges Arminia-Spektakel, das sich einige Hunderttausend Besucher nicht entgehen ließen.

AM ENDE ECHT SCHÖN –
DER SENNEFRIEDHOF

Eindrucksvolle Architektur von historisch bis modern, Skulpturen bedeutender Künstler wie Käthe Kollwitz, Georg Kolbe und August Böckstiegel, das harmonische Erscheinungsbild sowie der außerordentliche Naturreichtum locken Kunstliebhaber, Architekturbegeisterte und Vogelfreunde gleichermaßen. Es ist viel los am ruhigsten Ort der Stadt, an dem wohl schon jeder Bielefelder gewesen ist, zunächst für einen Kurzbesuch. Und irgendwann am Ende landen die meisten Einwohner unausweichlich wieder hier, wie es bereits seit 1912 gang und gäbe ist. Und 2015 war sogar eine hochkarätige Jury überzeugt: „künstlerisch, naturnah und geschichtsträchtig", ist es Deutschlands Schönster. Ach so, nee, nee, hier wurde weder Kirche, Platz noch Park gelobhudelt, sondern ein Friedhof. Der „Bestattungen.de-Award" des Jahres – so was gibt's tatsächlich – ging an den Sennefriedhof, einen der größten Waldfriedhöfe im ganzen Land, auf dem sich über 40 Vogelarten und fast 100 verschiedene Moosarten des Lebens freuen. Wir sehen, trotz vielerlei Gemecker, am endlichen Ende ist Bielefeld schön, sogar ausgezeichnet schön.

Kunst, Natur und Multikulti.

SCHWUNGVOLL – OLAF HAMPEL

Beide Jungs sind Athleten, richtige Schränke möchte man sagen. Beide sind fast gleich alt und feierten ihre Erfolge in Sportarten, bei denen man tunlichst einen Helm tragen sollte, da es immer fürchterlich abgeht. Und beide heißen Olaf Hampel. Doch während der eine in martialischer Rüstung um den Football rangelte, stürzte sich der andere wagemutig in eisige Schluchten – und ist außerdem Bielefelder.

Ende der 1980er-Jahre kam Olaf Hampel, also der ostwestfälische, zum Bobfahren. Sprintgewaltig gab er den zwei- und viersitzigen Kufenmobilen den nötigen Schwung, um bei den Olympiaden 1994 und 1998, der Weltmeisterschaft 1995 und der Europameisterschaft 1996 oben auf dem Siegertreppchen zu landen. Schau an, Bielefelder können richtig schwungvoll, ausgezeichnet schwungvoll sogar!

Anschieber, Schwunggeber und Blumenhalter: Olaf Hampel.

DIE SCHATZTRUHE   DER BIELEFAKE   SICH EINEN REIM MACHEN

Bielefeld

ECHT WITZIG

DIE WÜRDE DES BALLS –
DIE WILDE LIGA

Wenn „Balla in Ekstase" auf den „H.A.B. Mitleid" trifft und auf dem Nachbarfeld „Babylon Glücksbier" gegen „Laufen soll'n die Anderen" antritt, geht es in Bielefeld um ehrlichen Fußball. Sonntags, auf den Rasenflächen hinter der Radrennbahn, kehrt der Rasensport zu seinen Wurzeln zurück, ohne Kommerz, ohne Vereinsmeierei, ohne DFB, dafür mit viel Leidenschaft und noch mehr Freude am Spiel.

Seit nunmehr vierzig Jahren gibt es in Bielefeld die Wilde Liga, in der die Freunde des runden Leders ehrenamtlich und autonom, gewalt- und diskriminierungsfrei (und auf eigene Gefahr) ihrem Hobby frönen. Aber auch wenn die wilden Kicker kein Verein sind, so halten sie sich durchaus an klare, manchmal etwas andere Regeln (z.B. §17: Technisch schlechte SpielerInnen mit goldenen oder neonfarbenen Fußballschuhen dürfen ausgelacht werden.). Und in der Präambel zu ihrem ausgefeilten Regelwerk macht die älteste alternative Fußballliga Deutschlands unmissverständlich deutlich: „Auch die Würde des Balls ist unantastbar." Fußball geht auch witzig, wer hätte das gedacht!

IM FERNSEHEN? – INGOLF LÜCK

Dass sich Humor und Ostwestfalen keineswegs gegenseitig ausschließen, ist längst bewiesene Tatsache. Dass die Region allerdings nur aufgrund des niederschlagsreichen Klimas so viele Komiker hervorgebracht hat, allein um der „Regentristesse" entgegenzuwirken, ist jedoch nur Vermutung. Der erste, dem es gelang, den Ruf Bielefelds als regenreiche Humorhochburg in die Welt zu tragen, war Ingolf Lück. Mit der Klampfe unterm Arm machte der überzeugte Arminia-Fan bereits als Jugendlicher erste Bühnenerfahrungen, als er zunächst in Vereins- und Altenheimen aufspielte. Ferner entdeckte er für sich das Schauspielfach, das er im Theater, und Fußgängerzonen erprobte, bevor er in der WDR-Sendung „Sprungbrett" überzeugte. 1985 gelang ihm tatsächlich der Sprung ins Fernsehen, wo er mit schrillen Klamotten und frechen Sprüchen die legendäre Videoclipshow „Formel Eins" moderierte. Seither ist der Schnellsprech-Ostwestfale mit einem echten Riecher für Komik ein Spaßgarant an der TV-Front, dessen verrückte Ideen ihm sogar einen festen Platz – „Komm ich jetzt im Fernsehen?" – in der „Wochenshow" sicherte.

Hat einen Riecher für Komik:
Ingolf Lück.

SICH EINEN REIM MACHEN – GEDICHTETES

„Und seh'n wir uns nicht auf dieser Welt, dann seh'n wir uns in Bielefeld." Diesen merkwürdigen Spruch aus unbekannter Feder kennt wohl jeder, ist er doch der bekannteste Versuch, den Namen der Teutometropole ins Versmaß zu zwingen. Tatsächlich wurde die berühmte Weise sogar schon von Udo Lindenberg auf einer Schallplatte (1976, Sister King Kong) verewigt, beweist aber am Ende nur, dass es nicht eben leicht ist, sich auf Bielefeld einen Reim zu machen. Einen früheren Versuch unternahm 1932 der Maler, Schriftsteller und Dichter Joachim Ringelnatz, der sich vom hoch geschätzten Bielefelder Leinenzeugs inspirieren ließ. „Marter in Bielefeld" nannte er seine lyrische Verneigung vor der ostwestfälischen Wäschekunst:

Es war in Bielefeld so bitter kalt.
Ich sah ein Weib, das nichts als eine knappe
Hemdhose trug. Dass ich erschauerte
Und ihren kalten Zustand heiß bedauerte.
Denn sie war nur Attrappe – Fleisch aus Pappe.

Ich wäre gar zu gern zu zweit gewesen.
Nun stand ich vor der reizenden Gestalt,
Musste herabgesetzte Preise lesen,
Und ach, die Ladenscheibe war so kalt.

Der Frost entlockte meiner Nase Tränen.
Die Dame schwieg. Die Sonne hat gelacht.
In mir war qualvoll irgendwas entfacht.
Es kann kein Mann vor Damenwäsche gähnen.

Die Nr. 26 ist überall dabei: Lohmann.

Der will nur spielen

Die Fans von Arminia Bielefeld sind treue Seelen. Und deshalb darf das beliebteste Mitglied des Vereins nirgendwo fehlen, ganz egal, ob der Fahrstuhl gerade rauf oder runter geht. Ob auf dem Leinewebermarkt oder den Glückstalertagen, auf Kindergeburtstagen oder Hochzeiten, „Lohmann" ist überall dabei. Mit der Rückennummer 26 und überragender Größe ist er nicht zu übersehen und gilt als unübertroffener Autogrammkartenkönig des DSC. Und: „Lohmann" ist ein über mannsgroßer Plüsch-Stier, der seit 2006 als witziges Maskottchen des Arminia-Nachwuchses bei fast allen Spielen dabei ist. Sein Name geht auf Bauer Lohmann zurück, der dem Verein im Jahre 1926 das Gelände der heutigen SchücoArena verpachtete. Also keine Angst vorm großen Stier, der will nur spielen.

AB INS KÖRBCHEN – DIE SCHATZTRUHE

Wahrscheinlich käme nur ein Bielefelder darauf, in der Antarktis Kühlschränke oder in der Sahara Sonnenbänke zu verkaufen. Oder wie soll man erklären, dass ausgerechnet in Bielefeld – fernab von Meer und Strand, doch mitten im ständigen Sauwetter – eine der Hochburgen des Strandkorbbaus entstand? Es ist schon merkwürdig, aber irgendwie haben diese Ostwestfalen mit den kuriosesten, abwegigsten und witzigsten Ideen immer wieder Erfolg.

Alles begann Mitte der 1980er-Jahre in einer kleinen Tischlerei, wo man den Wunsch hegte, sich so einen kultigen Strandsitz in den eigenen Garten zu stellen. Gesagt, getan und das langsame Aussterben der Hollywoodschaukel tat sein Übriges. Es dauerte, doch langsam, aber sicher eroberten die wetterfesten Kuschelkörbchen aus Bielefeld die Terrassen und Gärten der Republik. Heute gehört die „Schatztruhe" zu den drei größten Strandkorb-Herstellern in ganz Deutschland. Und Standard war gestern. Ob mit Blümchenmuster, Leopardenlook oder Familienwappen, ob mit modernem Aluminium oder klassischem Teakholz, ob mit Sitzheizung oder Kühlfach – in Sachen handgefertigter Schattensitz bleibt kein Wunsch offen. Nur das mit dem Wetter … aber man arbeitet daran.

33%ig LUSTIG –
INGO OSCHMANN

Irgendwann, noch vor Schule, peinlicher Bommelmütze und Kfz-Elektriker-Lehre, stand bei dieser Bielefelder Lachnummer ein Zauberkasten unterm Weihnachtsbaum. Schon im Vorschulalter gelang es Oschmann Junior Ingo, seine ostwestfälische Verwandtschaft mit kleinen Tricks zu verblüffen. Sein Talent

Bielefelds Lachnummer mit Allround-Talent.

sprach sich herum, sodass er später bei zahlreichen Feiern und Festen auftrat und erste Bühnenerfahrung sammelte. Und weil er meist mehr redete (sehr unostwestfälisch) als vorführte (auch sehr unostwestfälisch), eroberte der Bielefelder als Clown, Entertainer, Moderator, Schauspieler und Komiker die Bühnen der Republik.

Ja, der Ingo weiß genau „wie James Bond Bananen schält" – und blieb seiner Heimatstadt bis heute treu. Und weil die Bewohner trotz anders lautender Gerüchte gute Gags zu schätzen wissen, wählten sie ihn kürzlich mit 33 % zum lustigsten Bielefelder!

AUSGERECHNET BIELEFELD – DER BIELEFAKE

Dass ausgerechnet Bielefeld im Zentrum gewaltiger globaler Verschwörungstheorien stehen und daher eigentlich gar nicht existieren soll, ist reiner Zufall. Seit 1994 geistert die Scherz-Geschichte eines Informatikstudenten durch die virtuelle Welt und sorgte dafür, dass der „Bielefake" bekannter wurde als die Stadt selbst. Bielefeld als Stätte dunkler Geheimnisse, als Ort geheimer Mächte, als deutsche „Area 51" und Schaltstelle eines weltweiten Komplotts, ist das wohl bekannteste Stück deutscher Internetfolklore und inspirierte bereits diverse Buchautoren, Comiczeichner und Filmemacher. Erst wunderte man sich hier nur, dann fand man es fast schon witzig und lachte darüber, bis das Ganze schließlich nur noch nervig war.

Inzwischen gehen die Bielefelder mit der Satire jedoch völlig entspannt um und luden den Erfinder der Bielefeld-Verschwörung 2014 sogar zum Stadtjubiläum ein. Klar, wie das Motto der riesigen Geburtstagsparty lautete: „800 Jahre Bielefeld – Das gibt's doch gar nicht!"

Doch ist es nicht tatsächlich ein wenig merkwürdig, dass die Einwohner Bielefelds jedem, der etwas über ihre Stadt erfahren möchte, zunächst wortreich erläutern, warum es sich auf gar keinen Fall lohnt, die Stadt zu besuchen? In der dem Ostwestfalen eigenen Fähigkeit zur schonungslosen Untertreibung wird Bielefelds Ruf als „Königin der unbekannten Städte" häufig mit allen Mitteln verteidigt. Das Wetter, die Bundesliga, der Bahnfahrplan, die neuen Baustellen

Doch, das gibt's wirklich! Bielefeld, Heimat der Schlapphüte?

und alten Bausünden etc. pp., es scheint sich wahrlich der gesamte Kosmos dazu verschworen zu haben, die hartnäckigen Vorurteile gegenüber der Teuto-Stadt nachdrücklich zu vertiefen. Und außerdem: Wo liegt Bielefeld eigentlich?
Fragt man einen Bewohner der Stadt nach seiner Herkunft, druckst er zunächst etwas herum. Während ein Münsteraner eindeutig aus Münster kommt, der Osnabrücker selbstverständlich aus Osnabrück und selbst der Paderborner genau weiß, wo sein Dom steht, kommen die Bielefelder meist von irgendwo da an der A 2 zwischen Dortmund und Hannover, wo häufig Stau herrscht und ein Blitzer regiert. Ja, genau dort.
Es dauert zumeist ein Weilchen, doch dann ist zu erleben, dass im tiefsten Innern selbst des bescheidensten Bielefelders auch ein Fünkchen Stolz glimmt – und dazu gibt es wirklich mindestens 100 reale Gründe.

Hol dir das Gefühl zurück!

Verschenken Sie eine multimediale Zeitreise in die Kindheit und Jugend!

Alle verfügbaren Bände finden Sie unter
www.unserJahrgang.de

Sie suchen ein Buch ...

... über Ihren Jahrgang?
... über Kindheitserinnerungen?
... über Ihre Stadt oder Region?
... mit regionalen Rezepten?

Wartberg-Verlag GmbH
Im Wiesental 1
34281 Gudensberg-Gleichen
Telefon: (0 56 03) 93 05 - 0
Telefax: (0 56 03) 93 05 - 28
E-Mail: info@wartberg-verlag.de
www.wartberg-verlag.de

Sie finden es unter
www.wartberg-verlag.de